Sudoku Super Challenge

Can't get enough of USA TODAY puzzles?

You can play:

- In the USA TODAY newspaper
- At puzzles.usatoday.com
- By downloading the FREE USA TODAY app (Get it on Google Play or iTunes)

Sudoku Super Challenge

200 Puzzles

Andrews McMeel Publishing
a division of Andrews McMeel Universal
1130 Walnut Street, Kansas City, Missouri 64106

www.andrewsmcmeel.com
puzzles.usatoday.com

19 20 21 22 23 PAH 10 9 8 7 6 5 4 3 2 1

ISBN: 978-1-5248-5112-5

Sudoku Super Challenge

Introduction

About Sudoku

Sudoku is a Japanese word that loosely translated means "number" and "single." Its origin stems from an 18th-century brainteaser created by Swiss mathematician Leonhard Euler called Latin Squares.

Sudoku Plays and Rules

Complete the grid so that every row, column, and 3 × 3 cube contains every digit from 1 to 9 inclusive with no repetition.

In Sudoku, you are given a 9 × 9 grid. Some of the grid squares already contain numbers—you cannot change these. To work the puzzle, fill in the empty squares of the grid with the numerals 1 through 9.

The puzzle is solved when each row, each column, and each 3 × 3 cube contains the numerals 1 through 9 with each numeral appearing only *once*. The 3 × 3 cubes are differentiated by shading.

A Sample Sudoku

Working a sample puzzle will help you learn valuable Sudoku tips. For simplicity's sake, each column, row, and cube in the sample puzzle will be designated for easy reference; see fig. A.

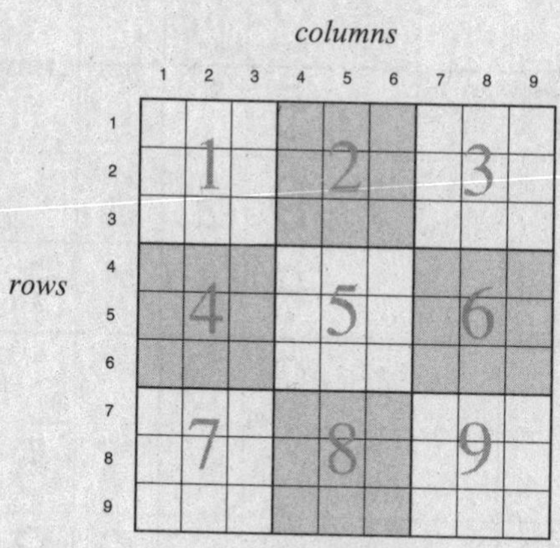

Figure A

To begin completing this Sudoku puzzle, first look for obvious answers that you can determine from simple elimination. Starting with the number 1, work your way through the puzzle checking each cube to determine where a number 1 should go. For example, look at cube 5 in fig. B. Remembering that each cube must have the numbers 1 through 9 and that no number can be repeated in a row or column, you can deduce the correct position for the number 1. Row 4 has a number 1 in cube 4 so you know that the number 1 in cube 5 cannot be in row 4. Now, if you look at column 4, you see that cube 8 has a number 1 in that column. From this, you know that the number 1 in cube 5 must be in row 6, column 6.

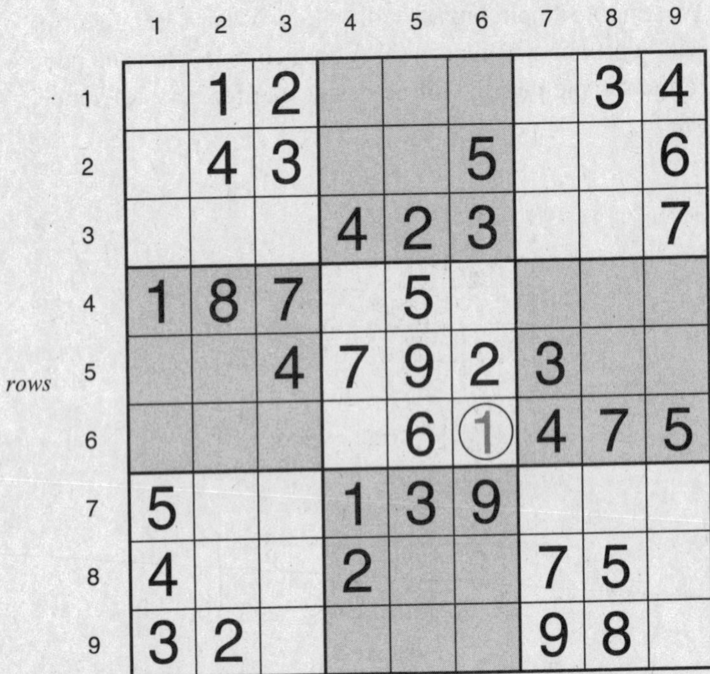

Figure B

Now you can easily find the position of number 1 in cube 2. You already know that row 1 and column 4 are not available. So the only position for number 1 is the middle square of that cube.

Using this strategy, check the remaining cubes for the number 1 and proceed with the rest of the numbers until you have checked them all 1 through 9. Check your solutions with fig. C to see if you found all of the possible answers by elimination.

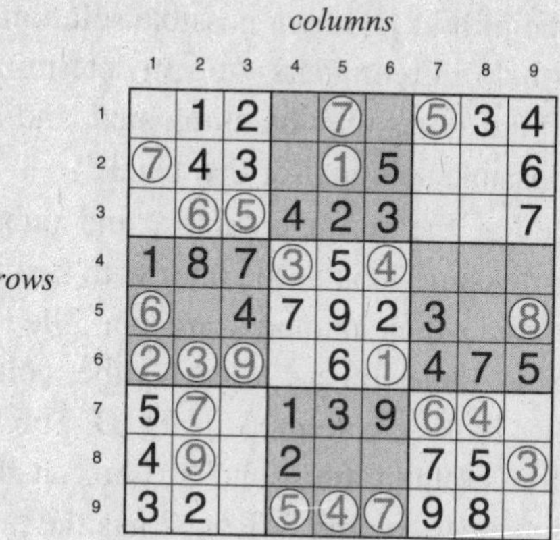

Figure C

Now that you are this far, take a look at your puzzle as a whole. Are there any columns, rows, or cubes that are missing just one number? Since we know that every column, row, and cube must have the numbers 1 through 9, you can easily fill in any section of the puzzle that's missing just one square. For example, column 5 is missing one digit. By elimination you can determine the missing number is 8. With that solved, cube 8 now has only one missing answer. Look for other solutions such as these.

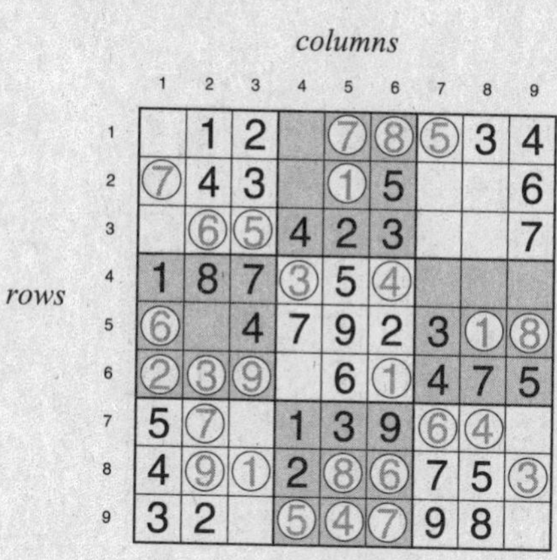

Figure D

You may find it helpful to jot down possible solutions in the blank squares as helpful reminders. As you determine other answers, one of your clues may be eliminated, and in turn, reveal the only possible solution for that blank.

After completing the rows, columns, and cubes with only one answer missing, look at the ones with two answers missing. Determine which numbers are not filled in and check those against the numbers in each cube, column, or row. For example, look at column 3 in fig. D. The missing numbers from this column are 6 and 8. Look at the rows and cubes that intersect column 3. Row 7 has the number 6 in it already so you know that the blank square (column 3, row 7) cannot be 6. By elimination, it must be 8. This also works when you study row 9. Row 9 already has an 8 in it so by elimination the blank square (column 3, row 9) must be 6; see fig. E.

Check the rows and columns for the rest of the puzzle using this strategy. Remember, after you fill in a blank, search all rows, columns, and cubes again for any that are missing one digit. You now should be able to complete the rest of the puzzle.

columns

rows	1	2	3	4	5	6	7	8	9
1	9	1	2	6	7	8	5	3	4
2	7	4	3	9	1	5	8	2	6
3	8	6	5	4	2	3	1	9	7
4	1	8	7	3	5	4	2	6	9
5	6		4	7	9	2	3	1	8
6	2	3	9		6	1	4	7	5
7	5	7	8	1	3	9	6	4	2
8	4	9	1	2	8	6	7	5	3
9	3	2	6	5	4	7	9	8	1

Figure E

If you get stuck, remember the first step you took to complete the puzzle: simple elimination.

Now that you have completed your first Sudoku puzzle, have fun and go wild with the challenging and addictive puzzles collected in this book!

columns

rows	1	2	3	4	5	6	7	8	9
1	9	1	2	6	7	8	5	3	4
2	7	4	3	9	1	5	8	2	6
3	8	6	5	4	2	3	1	9	7
4	1	8	7	3	5	4	2	6	9
5	6	5	4	7	9	2	3	1	8
6	2	3	9	8	6	1	4	7	5
7	5	7	8	1	3	9	6	4	2
8	4	9	1	2	8	6	7	5	3
9	3	2	6	5	4	7	9	8	1

Solution

1

2	5		6	9	8		3	
9				4		7	5	8
	8	1		7				2
	2			1	9	5		6
				6				
6		4	8	5			7	
8				3		6	9	
3	4	6		8				5
	7		1	2	6		8	3

Difficulty: ★☆☆☆☆

2

					7		3	1
			4	8	3		6	
7	3	8	9	1		4		5
			3	6		7		
3	8	7		9		2	4	6
		5		7	4			
9		2		3	8	5	7	4
	4		7	2	9			
8	7		5					

Difficulty: ★☆☆☆☆

3

	2	8			5		3	1
9				2	3			
3	7	5	6		1	9		2
	5		4	8			7	
1				5				6
	9			7	6		4	
2		4	9		7	3	6	5
			5	6				4
5	6		2			7	9	

Difficulty: ★☆☆☆☆

4

	2	5		8	6	7		9
8		7		1	5		3	
1		9		7			4	
				2		6		
		1	5	6	9	3		
		2		4				
	7			5		1		3
	5		1	3		4		2
4		3	2	9		8	6	

Difficulty: ★☆☆☆☆

5

5		6		4	1		8	
2	9	1		8		6	4	3
					9			5
		9					1	2
7			2	5	8			4
6	4					7		
1			8					
9	2	7		6		8	3	1
	6		1	3		5		7

Difficulty: ★☆☆☆☆

USA TODAY

6

2		1		7	9			
4		6	3		1	5	7	9
		9	8	5		1	4	
9					8	2		5
				6				
3		2	5					7
	2	5		4	3	7		
8	7	4	6		5	9		3
			2	8		4		6

Difficulty: ★☆☆☆☆

7

	2	4	5	7	8		9	
9						4		
1	8		6	4				
6	9		7	8		5	3	
	4	2		9		8	1	
	3	8		5	2		6	4
				6	3		7	5
		7						9
	5		9	2	7	1	8	

Difficulty: ★☆☆☆☆

8

		2	3	8		9		5
5	8		4	2			1	
6		1	9				2	4
						5		3
3	2			5			4	1
8		5						
1	6				8	4		2
	9			4	3		5	8
4		8		1	2	6		

Difficulty: ★☆☆☆☆

USA TODAY

9

	6			1		5		9
5				6		2		
	2	1		4		8	6	3
9		6	1	5	4	7	8	
	5	7	8	3	2	1		6
1	8	4		7		9	2	
		3		8				7
6		5		2			3	

Difficulty: ★☆☆☆☆

10

	6		7	1				
3		9			2		6	1
1	7			3		4	8	
	9		6	7		1	2	
7				9				6
	8	6		2	1		9	
	2	1		4			7	3
6	5		2			9		4
				6	7		5	

Difficulty: ★☆☆☆☆

USA TODAY

11

2	5		7		6	9	1	4
	3	4		1	9	7		
			8				3	5
				7			6	
4	7	6		2		8	5	9
	8			6				
8	1				7			
		7	2	8		5	9	
9	4	2	6		1		8	7

Difficulty: ★☆☆☆☆

12

	5				6		3	8
	8	1		9	5	6		
2				8		4	9	5
			9	6				
6	4		8	1	2		7	3
				4	7			
7	6	2		3				9
		8	2	7		3	6	
4	3		6				1	

Difficulty: ★☆☆☆☆

13

		4	9	1		2	5	
		9	4	6	5		3	
6					8	1		
2	9	6		7		4	8	
				9				
	4	3		5		9	6	1
		7	5					3
	1		3	2	6	5		
	3	2		8	9	6		

Difficulty: ★☆☆☆☆

USA TODAY

14

3		8	7	5		1		6
			6				8	3
				8	9	4	7	
	9	5		4			2	
	4	7	9	3	2	6	5	
	8			6		7	4	
	6	2	4	7				
8	5				6			
7		1		9	8	2		4

Difficulty: ★☆☆☆☆

15

	8	9	3	7	6			
7		4		2		6	3	9
				4	1		8	
8				5	7	2	6	
				8				
	7	3	6	9				1
	5		2	6				
1	2	8		3		9		6
			7	1	8	4	2	

Difficulty: ★☆☆☆☆

16

	5			8	6			
	8				7	2	5	
9	4			2		6	8	1
			8	6		9	1	7
	9	5				8	4	
1	6	8		7	4			
6	1	9		4			3	2
	7	2	3				6	
			6	5			7	

Difficulty: ★☆☆☆☆

USA TODAY

17

5			4	2	7		8	1
	7	4				2		6
8				9	3		7	
		8	7		2			4
9	4			8			3	7
6			9		1	8		
	1		2	5				9
2		5				7	1	
4	8		1	7	9			3

Difficulty: ★☆☆☆☆

18

			3	5	9		2	
9		4	8				5	1
	3		6		4			9
7	5			4			1	
		2	1	6	3	5		
	1			7			4	2
8			2		5		6	
6	2				1	9		5
	4		7	9	6			

Difficulty: ★☆☆☆☆

19

8						5		
	3		8	6		1		
		9	3	2			6	8
5		1		3	9			6
9		4	1	5	6	2		3
3			7	4		9		5
1	2			8	4	6		
		8		7	3		2	
		5						9

Difficulty: ★☆☆☆☆

20

	2	7	6	4			1	
						2		7
8				2	9	3	5	4
9	8	3	1	5				
	7	5		8		6	3	
				7	2	5	8	9
1	4	6	2	9				5
5		8						
	3			1	8	4	9	

Difficulty: ★☆☆☆☆

21

7		4		5	1	9	2	
5	6	2	8	3		4		
			4		7			
8			1	6	2		3	
9				8				1
	1		5	9	4			8
			9		8			
		9		1	6	7	8	5
	2	8	3	7		1		4

Difficulty: ★☆☆☆☆

USA TODAY

22

		5	3	6	1		9	
		1	9			6	5	
	6		2	4	5			3
1					2	7	3	
		2		7		5		
	7	6	4					8
8			6	5	4		1	
	1	4			9	8		
	5		1	2	8	4		

Difficulty: ★☆☆☆☆

23

2			1		4			8
	7	8	2	6		4		3
	6			9		7		
3	8			2	1			6
5	2			8			3	4
1			4	5			8	7
		2		4			7	
7		9		3	2	8	4	
6			8		7			9

Difficulty: ★☆☆☆☆

24

		4		6	3		1	
	5	6	1	2	9		4	
3	8							
4				3	6	7		
6	7		4		5		3	9
		5	2	7				4
							7	3
	2		6	9	7	4	8	
	4		3	8		9		

Difficulty: ★☆☆☆☆

USA TODAY

25

		4	2				3	5
9	2	1		7	3	8		
			4	8	6	9		2
3				2				7
	4			5			6	
1				6				4
4		2	8	3	1			
		8	7	9		4	2	3
7	9				2	5		

Difficulty: ★☆☆☆☆

26

		5		3			2	8
			5	8				7
4	8			6			1	5
3	4		1	5		2		9
	9	6	3		8	1	5	
1		7		4	9		6	3
6	2			9			3	1
5				1	3			
8	1			2		5		

Difficulty: ★☆☆☆☆

27

5	9		3				4	
7			2	5	1		9	6
		2	9	6	4		3	
		8		2		7	6	9
				1				
6	2	5		9		4		
	8		5	3	9	6		
2	5		6	4	7			3
	6				2		5	4

Difficulty: ★☆☆☆☆

28

	9	4			5		6	
5	6			3		1	9	4
			9	4	6		5	
	5	9				4		6
	2			7			8	
3		8				7	1	
	3		6	2	1			
2	1	7		9			3	5
	8		3			2	4	

Difficulty: ★☆☆☆☆

USA TODAY

29

		8	5		9	2		
6			2	4	7		3	8
7		4	8		3			
3			4					7
9	8			3			4	6
4					5			1
			3		1	7		9
2	7		9	5	8			3
		3	6		4	8		

Difficulty: ★☆☆☆☆

30

4		9		7	5	1	6	
				2	1		7	
	7		6	9			5	2
	9	3						
7		5	2	4	8	9		6
						5	2	
5	4			6	3		9	
	3		4	8				
	6	2	9	5		8		3

Difficulty: ★☆☆☆☆

31

	3			5	4			
		9	8	7				
		8	3	6			5	4
		4	5		8		1	
	8			4			2	
	2		7		3	8		
4	9			1	7	5		
				3	5	7		
			2	8			3	

Difficulty: ★★☆☆☆

32

8	1			9			3	
	9				3		1	7
				1	8	2		
			5	8			7	
1		3		7		5		4
	8			6	4			
		1	8	4				
9	3		1				6	
	7			3			2	1

Difficulty: ★★☆☆☆

33

				5	7	8	9	
			4			1		7
	4		2	1	8			
1				7		5	8	
				2				
	2	5		8				1
			8	6	2		7	
6		2			3			
	8	3	5	4				

Difficulty: ★★☆☆☆

34

5				9	8	6		
9					1			8
2	8			6		4		
					5			3
		6		8		1		
7			3					
		7		5			9	4
4			8					5
		5	2	4				7

Difficulty: ★★☆☆☆

35

	8				7		3	
			8	5	4			1
							7	6
5				7	2		8	
		4	6		3	9		
	1		5	4				2
7	4							
9			7	3	5			
	3		4				2	

Difficulty: ★★☆☆☆

36

		8		3				
			7	6	8	3	2	9
		9	5	1	4		8	
	9	5	3	7		8		
				4				
		7		8	2	5	9	
	7		4	5	6	2		
4	8	6	1	2	7			
				9		7		

Difficulty: ★★☆☆☆

37

9				5				
	2			4	9		1	
	6	3		7			5	
	3			6	4			5
	8	6				3	7	
5			2	8			4	
	1			9		7	2	
	7		4	3			6	
				2				4

Difficulty: ★★☆☆☆

USA TODAY

38

			7	4		2		1
			2	9	6	8		
5		4		8		9		
					7			4
7			4	5	8			9
9			6					
		5		3		6		7
		1	8	6	2			
8		6		7	9			

Difficulty: ★★☆☆☆

39

7	1		5	4				
				8			9	
	5	4	9					6
	9		2			7	4	3
				7				
2	7	5			4		8	
4					5	3	6	
	6			9				
				2	8		1	4

Difficulty: ★★☆☆☆

40

	9		4	6	2		7	
	7	2		8			6	3
					7			9
9		4		2				
1	2			9			5	7
				5		9		2
6			2					
7	3			4		2	8	
	4		6	7	9		3	

Difficulty: ★★☆☆☆

41

8			2	9	3			4
	4	2	1		6	8		
				8		1		2
5	1						7	
7				4				8
	2						4	1
2		7		5				
		5	3		8	6	2	
1			7	2	9			5

Difficulty: ★★☆☆☆

42

9	2			6		4		5
				5			9	
	4		3	9				1
	8	1		7				
			6		3			
				1		7	6	
7				8	1		4	
	1			3				
3		6		4			1	9

Difficulty: ★★☆☆☆

USA TODAY

43

			7		6			
	6			4	1		3	8
4		1		8		2		
5				3			9	
6	8						7	5
	2			5				1
		2		1		7		6
8	4		9	7			2	
			8		2			

Difficulty: ★★☆☆☆

44

	2	7		3				9
			7	6	4	2	5	
		5		9		7		6
2		1				3		
			6	8	1			
		4				1		7
5		8		1		6		
	7	2	3	4	6			
1				5		9	4	

Difficulty: ★★☆☆☆

45

	6			2	1			
4		2				6		8
		3		6		5		
	3	7		4	5	1		
				3				
		8	1	9		7	6	
		1		5		9		
9		4				8		5
			7	8			3	

Difficulty: ★★☆☆☆

46

3				7	4			9
7				1	3		4	
2		9		6			7	
				2	1	5		
1	7	5		4		2	3	6
		4	3	5				
	1			8		4		3
	9		4	3				5
4			1	9				8

Difficulty: ★★☆☆☆

USA TODAY

47

	8			9	2			3
				4	3			
		3		8		9		5
		9			4			8
1	4		8		7		9	6
8			9			7		
3		1		7		5		
			3	1				
7			4	6			1	

Difficulty: ★★☆☆☆

48

7					9			
	1	9		8		6		
	4	8	6	1	2	7		5
4					1		5	
			8	2	5			
	8		4					1
8		2	1	9	4	5	3	
		3		7		1	4	
			3					9

Difficulty: ★★☆☆☆

49

	2			1		8	9	
				2			1	
			9	6	3	2		7
9			6	3				
		5	8	4	2	9		
				9	7			3
8		1	4	5	6			
	3			7				
	4	7		8			5	

Difficulty: ★★☆☆☆

50

	3	7			6			8
				4		2	6	1
1				5	8		3	
				1		5		6
				7				
2		5		3				
	5		4	6				2
3	1	4		9				
6			5			3	7	

Difficulty: ★★☆☆☆

51

4				2	7		9	6
	6	5		1		8		7
		2		9			4	
1			2					
		4		5		3		
					4			1
	7			4		2		
2		6		3		7	1	
5	1		9	7				4

Difficulty: ★★☆☆☆

52

	1			9	4		2	
			5					7
2	3			8			9	
	8	6	3					
9		2	4	7	8	1		3
					2	9	8	
	6			4			5	1
4					6			
	2		8	3			4	

Difficulty: ★★☆☆☆

53

	4			2				
8				1	6			4
7			8			6		1
	7	8			1	4		
		4	7	9	5	8		
		9	4			2	7	
9		7			8			2
5			9	3				7
				7			9	

Difficulty: ★★☆☆☆

54

	6	4					9	2
	9		4	2	8		6	
2	3	8		6		4		
6		7	2					
				3				
					6	7		9
		2		5		1	7	3
	7		8	9	3		5	
3	5					9	8	

Difficulty: ★★☆☆☆

55

8	9			1				
		7	8	4		9		
	6			9		4	2	
4				6	5		8	
7				2				6
	5		3	8				2
	7	5		3			1	
		9		5	1	3		
				7			6	5

Difficulty: ★★☆☆☆

56

			6	2		8	9	
			3	9				2
		2	4	8				3
	5			4		6	2	
2	1		9	7	3		5	8
	9	4		5			7	
3				6	4	9		
4				1	9			
	6	9		3	2			

Difficulty: ★★☆☆☆

USA TODAY

57

				2		4		
		1	6	4		5		
				9	8		1	2
	5	8					4	9
7				8				6
1	3					8	2	
8	1		9	3				
		2		5	4	3		
		3		1				

Difficulty: ★★☆☆☆

58

	8		1					
1	6			3		9	4	
		7		5				1
7	1			6			8	
	5		2	8	3		1	
	2			9			5	6
9				2		1		
	4	1		7			6	2
					4		9	

Difficulty: ★★☆☆☆

59

		3		5		1		7
8			6	3				
4	6	5		1				
			9	6				5
	5			7			9	
3				8	4			
				2		8	7	9
				9	6			1
9		1		4		2		

Difficulty: ★★☆☆☆

USA TODAY

60

					6			5
4		8		5			9	3
6	5			3				
7				1		9	3	
		9		6		8		
	3	4		2				1
				7			1	6
3	7			8		4		9
5			2					

Difficulty: ★★☆☆☆

61

	2			5	1	6	4	
		3		6				
6	1				8	7	2	
					3	2		5
	3			7			8	
7		8	1					
	4	6	2				3	7
				4		8		
	8	7	3	1			6	

Difficulty: ★★☆☆☆

62

1			4	6	2			
7		4			5		1	6
		5		3				
6	4			2			9	
	1	3		8		6	2	
	2			1			4	3
				7		3		
8	5		9			1		2
			2	5	8			4

Difficulty: ★★☆☆☆

63

		1			4			6
	9		3			1	7	5
	6		1	5			2	
				2	3	6		
5	7	2				4	9	3
		9	7	4				
	2			3	7		6	
7	4	6			1		3	
9			5			7		

Difficulty: ★★☆☆☆

64

6		9		1				2
			6	7	4		1	
	1			3	9			
			1			3		
8	5			4			7	6
		3			2			
			7	5			4	
	8		3	2	6			
2				9		8		7

Difficulty: ★★☆☆☆

USA TODAY

65

				1	2	9		3
	5	9			6			
1	8			3	9			4
2	3		9				5	
				2				
	9				1		3	8
5			3	4			7	9
			2			8	4	
8		4	1	9				

Difficulty: ★★☆☆☆

66

4			8		7		5	3
				4	3	7	9	
	7			1	6	2	4	
	8				1		3	
3				8				9
	4		3				8	
	9	4	1	6			2	
	3	5	7	2				
2	6		9		5			4

Difficulty: ★★☆☆☆

USA TODAY

67

	7	2		5	4			
			7		6		4	
5				9				2
	4			7		6		
	6	8	5		3	9	2	
		3		4			5	
8				3				9
	3		1		5			
			9	6		5	3	

Difficulty: ★★☆☆☆

68

6		5	8					
	9			7	3	6		
	3		5	1				
	7	3			4	2		
1		6	7	3	8	9		5
		4	1			3	7	
				9	5		3	
		7	3	4			2	
					7	1		4

Difficulty: ★★☆☆☆

USA TODAY

69

			3	1		9	4	8
			5	8			3	
8				7	4	1		
7	4				3	6		
9				5				7
		1	7				9	3
		5	8	2				9
	9			4	5			
1	8	2		3	7			

Difficulty: ★★☆☆☆

USA TODAY

70

		3		9	7			6
2		9		6			8	3
4				2				
					6			
1		2		5		4		8
			8					
				8				2
8	4			1		7		9
9			7	3		8		

Difficulty: ★★☆☆☆

71

				5	7	4	1	
3			2			7		
				4	3	9		
			1	2		6	5	
	5						4	
	8	6		7	5			
		1	9	3				
		4			8			1
	6	5	7	1				

Difficulty: ★★★☆☆

72

		3		6	1			8
	8				5			4
2	4		9			5		
	2			3				
		8		7		1		
				9			5	
		7			2		6	3
5			6				8	
8			3	1		4		

Difficulty: ★★★☆☆

73

		3	5	1			4	
				8				3
4	9			2				1
			1			7	9	4
				9				
1	6	9			3			
3				6			1	5
6				7				
	8			3	1	2		

Difficulty: ★★★☆☆

74

				9	8			1
	4	7		1				8
			5	3		2	9	
	9							5
5		8		2		7		6
4							3	
	2	4		6	7			
3				8		6	2	
8			3	5				

Difficulty: ★★★☆☆

USA TODAY

75

6				9	8			7
5		9		2				
	1	7		6	5			
	3			1	6			
	6						7	
			3	5			2	
			9	7		2	1	
				3		7		8
1			6	8				3

Difficulty: ★★★☆☆

76

				9				
			4	8		5		6
	8			1	2	9	4	
4			8				7	
8			9	2	4			5
	2				5			8
	1	9	2	6			8	
6		7		5	8			
				4				

Difficulty: ★★★☆☆

77

	1	8			5			7
7				4	2	8	1	
	6			7	8	4		
8	9		2					
		1		9		3		
					1		8	9
		2	3	8			7	
	8	6	7	1				4
1			5			6	9	

Difficulty: ★★★☆☆

78

	4			6		7	5	
	5	7			1			3
			9	5				
		3			6			2
	1			9			3	
6			5			8		
				7	3			
3			6			9	4	
	6	5		8			7	

Difficulty: ★★★☆☆

79

	4			7	3	1	5	
		5		8	4			
3						9		
				9			2	6
		6		3		4		
7	3			4				
		4						2
			4	6		5		
	5	7	3	1			9	

Difficulty: ★★★☆☆

80

	2			9				
	6			3				2
3	4			1	5	9		
6	5	9		8				1
				2				
8				4		6	9	3
		1	9	6			8	7
2				7			1	
				5			4	

Difficulty: ★★★☆☆

81

8				9		3	4	
	4			3				
	3			8	1	7		
1		3						
		7	5	2	9	8		
						5		4
		8	1	7			2	
				6			7	
	1	4		5				3

Difficulty: ★★★☆☆

USA TODAY

82

	6	7		5				
		1	7	2			4	
		4		3	8			
	1	3		4				
	8			9			3	
				1		8	6	
			3	8		6		
	7			6	2	3		
				7		5	9	

Difficulty: ★★★☆☆

83

	3		1					8
			3	8			6	
9		1		4				5
				1		4		2
			8	2	4			
4		2		6				
6				7		9		4
	9			3	8			
1					5		7	

Difficulty: ★★★☆☆

84

			8	6	2	5		
		2	4	7			9	
					9	7		
2			1	9			7	
	8			2			3	
	9			4	3			1
		8	5					
	2			8	7	6		
		9	2	1	6			

Difficulty: ★★★☆☆

USA TODAY

85

8				7	2			4
5		2					1	
				1	8	9		
6		5			3		2	
				5				
	1		2			5		8
		3	8	6				
	6					4		5
1			7	4				6

Difficulty: ★★★☆☆

86

	6				4	5		
4	5						2	
8				5				
1			9	3			5	
	2			8			3	
	8			1	2			4
				6				3
	7						6	2
		3	8				1	

Difficulty: ★★★☆☆

87

		9			4		5	6
				9		4		
7					3		9	8
		6		1				
	9			3			1	
				8		5		
1	3		5					4
		4		7				
2	7		3			9		

Difficulty: ★★★☆☆

88

	9	7		2		1		
2				3	5			
		4	1					
	8		9	1			6	
		5		7		4		
	1			5	2		7	
					8	2		
			5	4				9
		8		9		3	4	

Difficulty: ★★★☆☆

89

5		3	9	4			1	
7					8			
				3	2		9	
9	7			6		4		
	4			2			6	
		6		7			8	5
	9		2	8				
			3					4
	8			5	4	2		9

Difficulty: ★★★☆☆

90

6						3	4	
	4			8	6			7
	8		4			6		
5		9		1				
	7	6		2		9	1	
				7		5		2
		8			1		3	
9			8	4			2	
	1	4						6

Difficulty: ★★★☆☆

USA TODAY

91

4			3	9			8	
6	2		8	5				7
				7				6
2	1			4		9		
9			6		1			8
		4		3			1	2
1				8				
7				6	3		2	9
	6			1	9			4

Difficulty: ★★★☆☆

92

5					1	4		
		1		7	4		8	
			9	3			1	6
	8						9	
			4	5	7			
	1						5	
8	5			9	6			
	6		1	2		8		
		3	8					9

Difficulty: ★★★☆☆

93

	8			1			7	5
6					4			8
5			6	8		3		
7	4			3	8			
			7	9	5			
			2	4			3	1
		5		6	1			7
2			4					3
3	6			2			5	

Difficulty: ★★★☆☆

94

5		3	2	7	9		4	
		4			6		3	
						9		
	5			3				8
4		1		8		2		3
8				9			5	
		6						
	8		9			3		
	9		4	6	3	7		2

Difficulty: ★★★☆☆

USA TODAY

95

				8		1		4
3		1		9			7	
		5		7	6		9	
9	2			4		5		
		4	6	3	1	9		
		3		2			4	6
	3		9	5		4		
	1			6		2		5
5		8		1				

Difficulty: ★★★☆☆

USA TODAY

96

			9		8	2		
1		5	4					
	9			3	1			6
7	5			4			6	3
4	1			7			8	5
6	8			1			4	2
9			6	8			2	
					4	6		9
		4	1		5			

Difficulty: ★★★☆☆

97

1				4				
		2		7		4	9	6
			8	3				
2						5		
7	5		1	9	6		3	8
		9						1
				5	8			
5	9	1		6		3		
				1				4

Difficulty: ★★★☆☆

USA TODAY

98

	1				3			
	8	9		7			5	
2				8	5	9	1	
		4			7		3	
6				3				7
	3		5			2		
	7	6	8	4				5
	4			6		1	9	
			3				7	

Difficulty: ★★★☆☆

99

		8		7	4			
5				3	9		6	
		3	5	8			1	2
6							4	9
		9		4		1		
1	4							6
4	5			9	8	6		
	8		4	2				5
			7	6		2		

Difficulty: ★★★☆☆

100

				8	9		5	7
7						8		3
3		1		5	7			
		8	4	6				
	3		7		5		6	
				9	8	7		
			5	7		6		9
8		7						1
5	9		8	1				

Difficulty: ★★★☆☆

USA TODAY

101

			1	9			5	
		3		8	4	6		
	6	4	7				8	
				1				8
2		7		4		1		3
8				2				
	3				2	4	1	
		8	4	6		5		
	2			7	1			

Difficulty: ★★★☆☆

USA TODAY

102

	9			4	8			5
	5			3		1		2
				2	1			4
	1	6		5				
			1		4			
				9		2	1	
9			7	8				
1		4		6			9	
3			4	1			5	

Difficulty: ★★★☆☆

USA TODAY

103

8		9	4	5				
	1	5	8		9			
		2		7				8
9	2					4		
	4			8			5	
		3					8	2
3				9		6		
			5		3	8	1	
				2	8	3		4

Difficulty: ★★★☆☆

USA TODAY

104

9				6	5			1
				1	2		4	8
				8		6		
2	8					7		4
	6			9			8	
7		3					5	6
		1		7				
6	9		1	4				
4			6	5				7

Difficulty: ★★★☆☆

105

	9		2	1	3		4	
3				5		8		
			9	6				2
								6
	2		4	3	1		9	
9								
1				2	5			
		5		9				3
	3		8	4	6		1	

Difficulty: ★★★☆☆

106

			4		1			9
9		4		7		6		
		6		8			4	
		8					7	5
		5	2	9	8	1		
3	4					2		
	6			2		5		
		7		5		4		3
2			8		4			

Difficulty: ★★★☆☆

107

				5	2			8
			6	7			5	3
		2	8	3			1	
				6		1		2
		6				5		
1		9		2				
	3			4	6	7		
8	1			9	5			
2			1	8				

Difficulty: ★★★☆☆

108

	9			2	8			3
3		7		9	4	2		
								9
1		3	7			6	9	
	6	8			3	1		2
4								
		6	4	5		3		1
8			2	3			7	

Difficulty: ★★★☆☆

109

			3	9			4	
		4		7	5			2
		5	8				1	
6	8			4	2			
		1		8		2		
			7	5			6	8
	9				7	1		
7			5	6		4		
	5			1	8			

Difficulty: ★★★☆☆

USA TODAY

110

				5	4			7
				1		2		9
		3	2	9			8	
					9	1		6
		1		7		5		
8		9	6					
	1			6	3	9		
6		7		2				
2			1	4				

Difficulty: ★★★☆☆

111

				9				7
			4		8	1		
1	7		6	5		8		
	8				2			
4		3		1		6		2
			9				5	
		2		3	9		7	1
		7	5		6			
8				2				

Difficulty: ★★★☆☆

112

	9			7			1	6
	3		2	1	9			
				8			5	
			8			6		5
3				9				2
2		7			3			
	2			3				
			4	6	8		2	
9	8			5			4	

Difficulty: ★★★☆☆

113

			8	5	2	9	1	
		9		7	6			
	8			1			5	
				2		6		7
	7			4			2	
3		2		8				
	1			6			7	
			7	9		3		
	6	5	2	3	1			

Difficulty: ★★★☆☆

114

	1			6	2			
			5	4		9		
3	4				1			6
	2					1	9	
	7			5			4	
	3	8					2	
8			1				3	7
		1		3	5			
			6	2			1	

Difficulty: ★★★☆☆

115

			7	4		3		
	1			5				
8		7			2	9		
		4				2		6
	2			9			3	
6		1				4		
		6	5			7		1
				3			4	
		9		8	7			

Difficulty: ★★★☆☆

116

			3	8	6			2
				7			4	
2		7	4	5				
						9		8
1		2	7		8	6		4
8		5						
				4	9	7		5
	6			3				
9			2	1	5			

Difficulty: ★★★☆☆

117

4	8		3	1				2
	5			4	9			
				8		7	4	
	2	6		5				
9				6				5
				9		6	1	
	1	5		3				
			6	7			8	
6				2	1		9	3

Difficulty: ★★★☆☆

USA TODAY

118

6			1	3	2			
7	4			9				
	2			7				3
				1		5	2	
		7	5	2	6	1		
	1	5		4				
3				8			1	
				5			8	9
			3	6	9			5

Difficulty: ★★★☆☆

119

				8	1		5	
	2		5			9		
3		5		4				8
9			3			5		7
				9				
7		6			8			1
2				1		7		3
		8			2		6	
	5		6	7				

Difficulty: ★★★☆☆

120

8				2				
	4				3			5
		6		4		9		
7			3	1				
1	2			6			3	8
				5	9			6
		8		9		7		
3			5				2	
				3				4

Difficulty: ★★★☆☆

121

	5			9	3	7		
4				6				
	1			4	2			5
		6	4	3				7
	4	3		7		1	2	
8				1	6	4		
3			9	2			7	
				5				1
		5	6	8			4	

Difficulty: ★★★☆☆

122

		7	2		1		8	
	3				6			7
6	2			7				
9		8		6				2
		5		8		1		
3				2		8		5
				9			4	6
4			7				2	
	5		6		8	3		

Difficulty: ★★★☆☆

123

8				3		1		
				5				4
7				1	6	2		5
1			5				6	7
3				8				9
5	8				2			1
6		8	9	7				2
4				2				
		1		4				8

Difficulty: ★★★☆☆

124

	2		9	5	6			
			7		3	8		9
	6			8		2		
		9		6		4		
5				7				1
		2		1		5		
		8		3			4	
3		4	2		5			
			8	4	1		2	

Difficulty: ★★★☆☆

125

2					9	5	4	
		8			4			
			5	6			2	
8				1	7	2		
5								6
		7	8	5				1
	9			4	1			
			6			1		
	3	1	2					9

Difficulty: ★★★☆☆

USA TODAY

126

9	8		2	3		1		4
	5		4		7	9		
				9		8		
		9	7				8	
	1			6			4	
	7				8	3		
		1		7				
		3	5		4		9	
4		8		2	3		1	5

Difficulty: ★★★☆☆

USA TODAY

127

	7							
	9			8				1
8		4	1	2				3
	2			9				6
4		6	2		8	7		5
9				4			3	
1				5	6	2		7
7				3			6	
							1	

Difficulty: ★★★☆☆

USA TODAY

128

	6	1		4		3		9
	2			1				
				8	9			1
7	8	9						
			1	7	8			
						8	2	7
4			7	5				
				9			3	
2		7		3		9	5	

Difficulty: ★★★☆☆

USA TODAY

129

3	9			4	5			
	5			1	2		7	
		6		3			4	
1					8		3	
		9				7		
	7		5					4
	2			8		4		
	6		2	9			1	
			1	5			8	6

Difficulty: ★★★☆☆

130

				1	8			5
5	8			3				
	4			7	5			9
3		6	1					
	9			2			3	
					3	1		6
9			8	5			4	
				9			5	8
4			2	6				

Difficulty: ★★★☆☆

USA TODAY

131

9				7		6		2
	2	4		5				
	3			1			8	
	7	5	6					
		9		3		7		
					2	5	1	
	6			9			3	
				2		4	9	
4		7		6				8

Difficulty: ★★★☆☆

132

		4			5	6		
				9	8	4	3	
				6				5
4		6		7			2	
7			3		1			4
	2			5		3		7
6				1				
	7	3	9	4				
		1	5			7		

Difficulty: ★★★☆☆

133

		9			7	5	8	
7			5	9	4			
2					3			
		4				8	2	
1		2	9		5	4		6
	8	5				9		
			2					9
			4	1	9			8
	9	6	3			2		

Difficulty: ★★★☆☆

USA TODAY

134

				5			1	
		6	2	7			9	
9						7	2	
5	1		7	9				2
	9	2		1		6	7	
3				2	8		5	9
	5	9						7
	2			8	5	9		
	8			4				

Difficulty: ★★★☆☆

135

	9			5				
			3	9			7	8
7	4			6			5	3
4				2		1		
			4		7			
		1		3				9
5	2			8			6	7
8	1			7	2			
				4			8	

Difficulty: ★★★☆☆

136

	1			5	9			6
				4	3	7		1
	5		7					
4			9				1	
	7		4		8		6	
	3				6			9
					4		9	
2		6	5	8				
5			3	9			2	

Difficulty: ★★★☆☆

137

				7		9	8	5
		4	6	2				
					8			2
6				8		5	7	1
				5				
9	4	5		1				6
1			7					
				4	2	7		
4	2	7		3				

Difficulty: ★★★☆☆

138

	5		2	6	8		3	
1		9		5				
	8				9	5		
2					1		9	
5			6		2			3
	1		5					8
		1	9				5	
				3		1		7
	2		1	4	5		6	

Difficulty: ★★★☆☆

USA TODAY

139

	6			5			9	
			6	7	3		5	1
				1	9		4	2
	1			2				
7	8			9			6	3
				4			1	
6	7		9	8				
9	5		2	3	4			
	4			6			3	

Difficulty: ★★★☆☆

USA TODAY

140

8				4	2			
1		3	8	7			4	
	4			3		2		
					3			
9				2				4
			5					
		6		5			1	
	8			9	7	3		5
			1	8				9

Difficulty: ★★★☆☆

141

				3				
7				2	8	5		4
	2			7		3		1
		4			7	2		6
				8				
2		5	6			1		
9		3		5			4	
8		1	2	9				3
				6				

Difficulty: ★★★☆☆

142

		1				9		
4	8			6	2			
		5	9	4				6
6					3			
		3	6		5	8		
			2					5
5				1	8	4		
			5	3			9	7
		6				1		

Difficulty: ★★★☆☆

143

				7			4	
4				5		8	9	3
	8			9		5		
5	6				2			
7			8		1			9
			7				8	6
		2		1			7	
3	7	5		8				4
	4			2				

Difficulty: ★★★☆☆

144

				3		5		2
			9	2	8			4
8				7				
3	1	9		8				5
		2		6		7		
7				5		9	2	3
				9				6
1			7	4	2			
4		8		1				

Difficulty: ★★★☆☆

145

		6		4				
		5	6	8	3	1	9	
		2	9	7				
	7			2				8
2		3				9		7
1				3			6	
				6	4	7		
	5	1	2	9	7	8		
				5		6		

Difficulty: ★★★☆☆

146

	9				7	5	1	
	4			8		7		
		3	4	9				
	7	8		3				
			1	6	4			
				5		6	3	
				1	2	9		
		2		7			5	
	6	7	9				2	

Difficulty: ★★★☆☆

147

	1			2	7			
3		2		9				
7		9	1		8			
	3		5			6		
2				1				8
		7			3		4	
			4		9	7		5
				3		9		1
			8	7			6	

Difficulty: ★★★☆☆

148

	6			5	7			2
		8		6	1	4		
		7	3	9				
3					4	5		
	5			3			1	
		4	9					6
				7	3	2		
		5	1	4		8		
7			5	8			6	

Difficulty: ★★★☆☆

149

				3			5	2
			9	5	2	1		4
		4		7			6	
		9		1		8		
	2						9	
		6		2		4		
	8			4		3		
6		5	7	9	3			
3	9			8				

Difficulty: ★★★☆☆

150

7	4		8	3				6
	1			2			7	
9			1	7		2		8
	2		7	5				
		1		8		7		
				4	2		8	
6		9		1	7			5
	7			6			4	
2				9	8		1	7

Difficulty: ★★★☆☆

151

				8		4		1
		9					5	
		2	5	1	9			8
		1		6	8		4	
	4		2	9		3		
8			9	7	3	2		
	6					8		
5		7		4				

Difficulty: ★★★☆☆

152

				3	6			2
		7	9	1			3	6
	1		8					5
	7					5		
			1	7	9			
		3					7	
9					8		2	
7	4			9	3	1		
2			4	6				

Difficulty: ★★★☆☆

153

			8	1		6	7	
				4		5		9
				5	7			4
	2	3						6
9			7	2	4			5
5						7	8	
8			2	9				
2		7		3				
	4	9		7	8			

Difficulty: ★★★☆☆

154

		4			6		9	7
	3			8				
			5	2				1
7	2			9				3
		9		6		4		
4				3			5	8
5				4	2			
				7			2	
6	9		1			7		

Difficulty: ★★★☆☆

155

1				9	3		4	
5				4		9		7
		4	7	6		8		
			5			1	6	3
6	8	2			4			
		6		5	9	3		
8		5		3				2
	4		1	2				5

Difficulty: ★★★☆☆

156

			7	2	4	9		
6					8			7
	9			5			2	1
4	8	5			3			
				8				
			2			8	5	6
5	3			7			8	
7			4					5
		1	8	3	5			

Difficulty: ★★★☆☆

USA TODAY

157

				9		7		
	9	8		3		1		5
4	3			1	5			
		9	2	6				
1			9	8	3			2
				5	1	9		
			5	7			1	3
8		5		2		6	4	
		7		4				

Difficulty: ★★★☆☆

158

4				8	1	3		
			2	5	3			
				4			1	5
1		7						
	3	2		9		5	4	
						1		6
8	6			7				
			3	1	8			
		3	4	2				7

Difficulty: ★★★☆☆

USA TODAY

159

					1	5	8	2
			6				3	9
	2	4		5				
				2				3
7	5			8			2	1
9				3				
				1		6	9	
5	9				7			
1	4	6	8					

Difficulty: ★★★☆☆

160

		9		4	1		7	
				2	9	4		3
			7		3		1	
2		8						
5	7			1			3	9
						5		2
	2		5		4			
4		1	9	6				
	5		1	8		3		

Difficulty: ★★★☆☆

161

	1				3	9		
3			6	2	9		1	
				4		7		
		1						9
9	3						6	4
4						8		
		5		3				
	9		5	6	7			2
		6	4				8	

Difficulty: ★★★★☆

162

				1				8
						2		1
		1	2	8	6	4		
		6		3		5		4
		3	7	6	4	1		
9		8		2		6		
		2	8	5	1	7		
6		5						
8				4				

Difficulty: ★★★★☆

163

4			2	7		3		6
	9			4		1		
			3	1			4	
				5				9
		6				2		
2				6				
	6			3	4			
		1		9			5	
7		8		2	5			1

Difficulty: ★★★★☆

164

							9	2
			4	2		3		
8		1		7				
			2	4		1	7	
	1						8	
	6	8		1	9			
				8		9		5
		9		6	4			
1	4							

Difficulty: ★★★★☆

165

	9		3	1		6		
			2	8		9	3	
6		3		4				
9		4					7	
				6				
	5					8		3
				3		7		5
	1	9		5	8			
		2		9	7		8	

Difficulty: ★★★★☆

166

				4		7		
	8			1				4
		4	5	8				
9	6							
	2	5	6	7	8	4	9	
							3	6
				2	9	5		
4				6			1	
		6		5				

Difficulty: ★★★★☆

167

	5	7	6	1			8	
				3			2	
		2		8	5			
		1	7	5			6	
3				4				9
	4			9	6	2		
			1	6		5		
	2			7				
	7			2	8	1	9	

Difficulty: ★★★★☆

USA TODAY

168

6	3				5	2	8	
					6			3
				9				5
		2		4				1
		7		5		8		
9				3		6		
8				2				
2			1					
	7	5	8				3	2

Difficulty: ★★★★☆

169

		2	4	9				7
		7		6				
6		3		1			8	
	4	1		3	2			5
				7				
5			6	4		2	3	
	3			2		8		6
				5		4		
1				8	4	3		

Difficulty: ★★★★☆

170

			9	5	7		1	
		4	2		6	8		
				4		5		
2		7						
4			5		3			2
						6		4
		8		3				
		1	4		5	2		
	4		7	6	9			

Difficulty: ★★★★☆

171

		2	8		9			
	9						2	
		8		4	2			6
					5	6	1	2
		9		2		4		
2	3	1	4					
3			6	9		5		
	7						3	
			2		3	7		

Difficulty: ★★★★☆

172

			6		1			
6					7			4
				4		3	1	
7				3		6		
8		1		6		4		2
		6		9				7
	6	2		8				
5			2					3
			4		3			

Difficulty: ★★★★☆

173

		7		3	5			
					9	2		3
	9		8	1				
6						9	2	
	2	4		8		7	3	
	7	5						1
				6	3		7	
7		2	5					
			2	7		4		

Difficulty: ★★★★☆

174

					3	7		
			4		7		9	
7	3			2		4		1
9							7	
	4			6			1	
	2							6
8		6		1			3	9
	1		9		6			
		3	2					

Difficulty: ★★★★☆

USA TODAY

175

					1			4
		4		5				7
				7	3	6	8	9
			5	8				
1		9				5		2
				1	7			
4	5	8	7	3				
6				4		2		
3			8					

Difficulty: ★★★★☆

176

				2				
	5		6	8		1	2	
	2			4		8		7
2		6						
1				6				3
						9		5
8		3		1			7	
	4	2		7	8		3	
				9				

Difficulty: ★★★★☆

177

8		3		7	4		5	
4				3	6			7
							4	
			3					
7	1	6	8		5	9	2	3
					1			
	7							
3			7	1				2
	9		6	5		1		4

Difficulty: ★★★★☆

USA TODAY

178

		2		8	6		9	
	1	5						2
		8		3				5
	2			1	3			
3	9						6	8
			6	2			1	
2				7		8		
8						9	2	
	6		2	9		7		

Difficulty: ★★★★☆

179

	2			6	1	9		
	6		8	7			5	
						6		
6				5		8		
4				8				3
		3		1				9
		7						
	9			3	7		1	
		1	6	2			8	

Difficulty: ★★★★☆

180

					9		3	
							5	6
	5		2	1		4	7	9
9		5		3				7
8				6				1
6				2		3		5
5	7	3		9	2		6	
4	8							
	9		7					

Difficulty: ★★★★☆

181

				6	7	5		4
	6	3		4				
			2	9				
	9	5				3		
	3		6	8	9		1	
		8				2	6	
				3	1			
				5		1	4	
5		1	7	2				

Difficulty: ★★★★★

182

	2	4	3	8			6	
					9			2
				2			3	
7		3			2			4
				9				
5			7			9		1
	5			1				
3			2					
	6			3	7	1	9	

Difficulty: ★★★★★

183

		5		7		4		
			5				3	
1	7			2		9		
	6			4				8
9			6	8	5			3
3				9			4	
		7		6			1	5
	3				9			
		6		3		2		

Difficulty: ★★★★★

184

	2			8	9	1		
7								
			4	3			5	
3		6		7				1
				9				
1				2		8		7
	9			4	5			
								2
		3	2	6			4	

Difficulty: ★★★★★

185

9	4			3				
			7	1		6		4
1				4			8	
		3			5		2	
		6		7		3		
	2		3			8		
	7			5				8
4		8		2	7			
				9			6	7

Difficulty: ★★★★★

186

				6			2	5
	6		1	3		9		
					9		6	1
						7	8	9
	4			1			5	
2	7	6						
1	8		9					
		4		5	8		9	
6	5			7				

Difficulty: ★★★★★

187

8	4				7	2		
				4			5	8
				5			3	7
1				8	2	7		
	9			7			2	
		2	1	9				3
4	1			6				
3	7			2				
		6	3				7	4

Difficulty: ★★★★★

188

	8	2			7			
	3			8		2		4
		7		2				1
8	7		5					
		5		3		4		
					2		5	8
6				9		7		
2		4		6			8	
			8			9	2	

Difficulty: ★★★★★

USA TODAY

189

6			1	8				
		5						9
				5	4	6	2	
5		1		2			8	
	2			7			3	
	8			1		4		2
	3	6	7	4				
1						2		
				9	2			4

Difficulty: ★★★★★

190

		4		3	7	9		
6				1	9			
							6	4
			7			8	9	5
		6		4		7		
7	3	9			5			
4	2							
			5	8				3
		5	1	7		2		

Difficulty: ★★★★★

191

	5				2			1
		1		5				2
	3			1		4		
	8			6	4			
7		5		3		6		4
			2	8			9	
		8		4			1	
3				2		7		
1			3				4	

Difficulty: ★★★★★

192

				9	4			
		7	1	5				4
		6						1
	2				9	5	6	
	8			6			1	
	1	4	5				7	
3						1		
4				3	5	9		
			8	4				

Difficulty: ★★★★★

193

	7			2		8		
			7		3			
3				5				1
5	6			1		2		
	3	1		6		9	7	
		9		3			1	5
7				8				6
			6		9			
		3		7			5	

Difficulty: ★★★★★

194

	4			3	7		9	
		7	8					3
	1				5			
1		9		4		3	6	
				9				
	2	4		1		9		7
			3				4	
4					6	5		
	8		9	5			7	

Difficulty: ★★★★★

195

				8				4
			6	5			1	
		1			9	6		7
	9	7						5
	4			3			7	
2						9	3	
1		6	4			5		
	8			1	2			
4				6				

Difficulty: ★★★★★

196

			6	3	8			
7		6			2			
	2	4				5		
	6		8				2	
	8			6			4	
	5				1		9	
		2				9	1	
			2			4		7
			4	9	5			

Difficulty: ★★★★★

197

		2	8	1				7
			6	2	7	8		
		6		5				
	3			4				8
	4		3	8	6		7	
8				7			2	
				3		5		
		8	7	9	2			
3				6	5	7		

Difficulty: ★★★★★

198

				7	4			1
		4		2		6	7	
		7		9			4	2
9			5	1	3			
				4				
			9	6	7			8
3	7			5		9		
	1	6		8		5		
5			2	3				

Difficulty: ★★★★★

199

				9	3		2	
8	2				7			
		5			4			1
4		3	5	6				
	5						7	
				7	8	1		3
2			7			5		
			9				1	8
	1		8	4				

Difficulty: ★★★★★

200

				2				7
		9		3	5			4
3	5			1			2	
		1	4	6				
	3		5		1		4	
				7	8	6		
	6			5			3	8
4			6	8		5		
9				4				

Difficulty: ★★★★★

Solutions

1

2	5	7	6	9	8	1	3	4
9	6	3	2	4	1	7	5	8
4	8	1	5	7	3	9	6	2
7	2	8	3	1	9	5	4	6
1	3	5	7	6	4	8	2	9
6	9	4	8	5	2	3	7	1
8	1	2	4	3	5	6	9	7
3	4	6	9	8	7	2	1	5
5	7	9	1	2	6	4	8	3

2

4	6	9	2	5	7	8	3	1
2	5	1	4	8	3	9	6	7
7	3	8	9	1	6	4	2	5
1	9	4	3	6	2	7	5	8
3	8	7	1	9	5	2	4	6
6	2	5	8	7	4	3	1	9
9	1	2	6	3	8	5	7	4
5	4	6	7	2	9	1	8	3
8	7	3	5	4	1	6	9	2

3

4	2	8	7	9	5	6	3	1
9	1	6	8	2	3	4	5	7
3	7	5	6	4	1	9	8	2
6	5	3	4	8	2	1	7	9
1	4	7	3	5	9	8	2	6
8	9	2	1	7	6	5	4	3
2	8	4	9	1	7	3	6	5
7	3	9	5	6	8	2	1	4
5	6	1	2	3	4	7	9	8

4

3	2	5	4	8	6	7	1	9
8	4	7	9	1	5	2	3	6
1	6	9	3	7	2	5	4	8
5	9	4	7	2	3	6	8	1
7	8	1	5	6	9	3	2	4
6	3	2	8	4	1	9	5	7
2	7	8	6	5	4	1	9	3
9	5	6	1	3	8	4	7	2
4	1	3	2	9	7	8	6	5

5

5	7	6	3	4	1	2	8	9
2	9	1	7	8	5	6	4	3
3	8	4	6	2	9	1	7	5
8	5	9	4	7	6	3	1	2
7	1	3	2	5	8	9	6	4
6	4	2	9	1	3	7	5	8
1	3	5	8	9	7	4	2	6
9	2	7	5	6	4	8	3	1
4	6	8	1	3	2	5	9	7

6

2	5	1	4	7	9	6	3	8
4	8	6	3	2	1	5	7	9
7	3	9	8	5	6	1	4	2
9	4	7	1	3	8	2	6	5
5	1	8	7	6	2	3	9	4
3	6	2	5	9	4	8	1	7
6	2	5	9	4	3	7	8	1
8	7	4	6	1	5	9	2	3
1	9	3	2	8	7	4	5	6

7

3	2	4	5	7	8	6	9	1
9	7	6	2	3	1	4	5	8
1	8	5	6	4	9	7	2	3
6	9	1	7	8	4	5	3	2
5	4	2	3	9	6	8	1	7
7	3	8	1	5	2	9	6	4
8	1	9	4	6	3	2	7	5
2	6	7	8	1	5	3	4	9
4	5	3	9	2	7	1	8	6

8

7	4	2	3	8	1	9	6	5
5	8	9	4	2	6	3	1	7
6	3	1	9	7	5	8	2	4
9	1	4	2	6	7	5	8	3
3	2	6	8	5	9	7	4	1
8	7	5	1	3	4	2	9	6
1	6	3	5	9	8	4	7	2
2	9	7	6	4	3	1	5	8
4	5	8	7	1	2	6	3	9

9

3	6	8	2	1	7	5	4	9
5	4	9	3	6	8	2	7	1
7	2	1	5	4	9	8	6	3
9	3	6	1	5	4	7	8	2
8	1	2	7	9	6	3	5	4
4	5	7	8	3	2	1	9	6
1	8	4	6	7	3	9	2	5
2	9	3	4	8	5	6	1	7
6	7	5	9	2	1	4	3	8

10

2	6	8	7	1	4	5	3	9
3	4	9	8	5	2	7	6	1
1	7	5	9	3	6	4	8	2
4	9	3	6	7	8	1	2	5
7	1	2	3	9	5	8	4	6
5	8	6	4	2	1	3	9	7
8	2	1	5	4	9	6	7	3
6	5	7	2	8	3	9	1	4
9	3	4	1	6	7	2	5	8

11

2	5	8	7	3	6	9	1	4
6	3	4	5	1	9	7	2	8
7	9	1	8	4	2	6	3	5
5	2	9	4	7	8	1	6	3
4	7	6	1	2	3	8	5	9
1	8	3	9	6	5	4	7	2
8	1	5	3	9	7	2	4	6
3	6	7	2	8	4	5	9	1
9	4	2	6	5	1	3	8	7

12

9	5	4	7	2	6	1	3	8
3	8	1	4	9	5	6	2	7
2	7	6	3	8	1	4	9	5
8	2	7	9	6	3	5	4	1
6	4	5	8	1	2	9	7	3
1	9	3	5	4	7	2	8	6
7	6	2	1	3	4	8	5	9
5	1	8	2	7	9	3	6	4
4	3	9	6	5	8	7	1	2

13

3	8	4	9	1	7	2	5	6
1	2	9	4	6	5	7	3	8
6	7	5	2	3	8	1	4	9
2	9	6	1	7	3	4	8	5
8	5	1	6	9	4	3	7	2
7	4	3	8	5	2	9	6	1
9	6	7	5	4	1	8	2	3
4	1	8	3	2	6	5	9	7
5	3	2	7	8	9	6	1	4

14

3	2	8	7	5	4	1	9	6
4	7	9	6	2	1	5	8	3
5	1	6	3	8	9	4	7	2
6	9	5	8	4	7	3	2	1
1	4	7	9	3	2	6	5	8
2	8	3	1	6	5	7	4	9
9	6	2	4	7	3	8	1	5
8	5	4	2	1	6	9	3	7
7	3	1	5	9	8	2	6	4

15

2	8	9	3	7	6	1	5	4
7	1	4	8	2	5	6	3	9
3	6	5	9	4	1	7	8	2
8	9	1	4	5	7	2	6	3
6	4	2	1	8	3	5	9	7
5	7	3	6	9	2	8	4	1
4	5	7	2	6	9	3	1	8
1	2	8	5	3	4	9	7	6
9	3	6	7	1	8	4	2	5

16

2	5	1	4	8	6	7	9	3
3	8	6	1	9	7	2	5	4
9	4	7	5	2	3	6	8	1
4	2	3	8	6	5	9	1	7
7	9	5	2	3	1	8	4	6
1	6	8	9	7	4	3	2	5
6	1	9	7	4	8	5	3	2
5	7	2	3	1	9	4	6	8
8	3	4	6	5	2	1	7	9

17

5	6	9	4	2	7	3	8	1
3	7	4	8	1	5	2	9	6
8	2	1	6	9	3	4	7	5
1	5	8	7	3	2	9	6	4
9	4	2	5	8	6	1	3	7
6	3	7	9	4	1	8	5	2
7	1	3	2	5	8	6	4	9
2	9	5	3	6	4	7	1	8
4	8	6	1	7	9	5	2	3

18

1	7	8	3	5	9	4	2	6
9	6	4	8	2	7	3	5	1
2	3	5	6	1	4	7	8	9
7	5	6	9	4	2	8	1	3
4	8	2	1	6	3	5	9	7
3	1	9	5	7	8	6	4	2
8	9	7	2	3	5	1	6	4
6	2	3	4	8	1	9	7	5
5	4	1	7	9	6	2	3	8

19

8	1	6	4	9	7	5	3	2
2	3	7	8	6	5	1	9	4
4	5	9	3	2	1	7	6	8
5	7	1	2	3	9	8	4	6
9	8	4	1	5	6	2	7	3
3	6	2	7	4	8	9	1	5
1	2	3	9	8	4	6	5	7
6	9	8	5	7	3	4	2	1
7	4	5	6	1	2	3	8	9

20

3	2	7	6	4	5	9	1	8
4	5	9	8	3	1	2	6	7
8	6	1	7	2	9	3	5	4
9	8	3	1	5	6	7	4	2
2	7	5	9	8	4	6	3	1
6	1	4	3	7	2	5	8	9
1	4	6	2	9	3	8	7	5
5	9	8	4	6	7	1	2	3
7	3	2	5	1	8	4	9	6

21

7	8	4	6	5	1	9	2	3
5	6	2	8	3	9	4	1	7
3	9	1	4	2	7	8	5	6
8	4	7	1	6	2	5	3	9
9	5	6	7	8	3	2	4	1
2	1	3	5	9	4	6	7	8
1	7	5	9	4	8	3	6	2
4	3	9	2	1	6	7	8	5
6	2	8	3	7	5	1	9	4

22

4	8	5	3	6	1	2	9	7
3	2	1	9	8	7	6	5	4
7	6	9	2	4	5	1	8	3
1	4	8	5	9	2	7	3	6
9	3	2	8	7	6	5	4	1
5	7	6	4	1	3	9	2	8
8	9	7	6	5	4	3	1	2
2	1	4	7	3	9	8	6	5
6	5	3	1	2	8	4	7	9

23

2	5	3	1	7	4	9	6	8
9	7	8	2	6	5	4	1	3
4	6	1	3	9	8	7	5	2
3	8	4	7	2	1	5	9	6
5	2	7	9	8	6	1	3	4
1	9	6	4	5	3	2	8	7
8	3	2	5	4	9	6	7	1
7	1	9	6	3	2	8	4	5
6	4	5	8	1	7	3	2	9

24

2	9	4	8	6	3	5	1	7
7	5	6	1	2	9	3	4	8
3	8	1	7	5	4	6	9	2
4	1	8	9	3	6	7	2	5
6	7	2	4	1	5	8	3	9
9	3	5	2	7	8	1	6	4
8	6	9	5	4	1	2	7	3
5	2	3	6	9	7	4	8	1
1	4	7	3	8	2	9	5	6

25

8	6	4	2	1	9	7	3	5
9	2	1	5	7	3	8	4	6
5	3	7	4	8	6	9	1	2
3	8	6	9	2	4	1	5	7
2	4	9	1	5	7	3	6	8
1	7	5	3	6	8	2	9	4
4	5	2	8	3	1	6	7	9
6	1	8	7	9	5	4	2	3
7	9	3	6	4	2	5	8	1

26

7	6	5	4	3	1	9	2	8
9	3	1	5	8	2	6	4	7
4	8	2	9	6	7	3	1	5
3	4	8	1	5	6	2	7	9
2	9	6	3	7	8	1	5	4
1	5	7	2	4	9	8	6	3
6	2	4	8	9	5	7	3	1
5	7	9	6	1	3	4	8	2
8	1	3	7	2	4	5	9	6

27

5	9	6	3	7	8	2	4	1
7	4	3	2	5	1	8	9	6
8	1	2	9	6	4	5	3	7
1	3	8	4	2	5	7	6	9
9	7	4	8	1	6	3	2	5
6	2	5	7	9	3	4	1	8
4	8	1	5	3	9	6	7	2
2	5	9	6	4	7	1	8	3
3	6	7	1	8	2	9	5	4

28

8	9	4	2	1	5	3	6	7
5	6	2	7	3	8	1	9	4
1	7	3	9	4	6	8	5	2
7	5	9	1	8	3	4	2	6
6	2	1	4	7	9	5	8	3
3	4	8	5	6	2	7	1	9
4	3	5	6	2	1	9	7	8
2	1	7	8	9	4	6	3	5
9	8	6	3	5	7	2	4	1

29

1	3	8	5	6	9	2	7	4
6	5	9	2	4	7	1	3	8
7	2	4	8	1	3	6	9	5
3	1	5	4	8	6	9	2	7
9	8	7	1	3	2	5	4	6
4	6	2	7	9	5	3	8	1
8	4	6	3	2	1	7	5	9
2	7	1	9	5	8	4	6	3
5	9	3	6	7	4	8	1	2

30

4	2	9	3	7	5	1	6	8
3	5	6	8	2	1	4	7	9
8	7	1	6	9	4	3	5	2
2	9	3	5	1	6	7	8	4
7	1	5	2	4	8	9	3	6
6	8	4	7	3	9	5	2	1
5	4	8	1	6	3	2	9	7
9	3	7	4	8	2	6	1	5
1	6	2	9	5	7	8	4	3

31

2	3	6	9	5	4	1	7	8
5	4	9	8	7	1	2	6	3
7	1	8	3	6	2	9	5	4
3	7	4	5	2	8	6	1	9
9	8	5	1	4	6	3	2	7
6	2	1	7	9	3	8	4	5
4	9	3	6	1	7	5	8	2
8	6	2	4	3	5	7	9	1
1	5	7	2	8	9	4	3	6

32

8	1	7	4	9	2	6	3	5
4	9	2	6	5	3	8	1	7
3	5	6	7	1	8	2	4	9
2	4	9	5	8	1	3	7	6
1	6	3	2	7	9	5	8	4
7	8	5	3	6	4	1	9	2
6	2	1	8	4	7	9	5	3
9	3	4	1	2	5	7	6	8
5	7	8	9	3	6	4	2	1

33

2	3	1	6	5	7	8	9	4
5	6	8	4	3	9	1	2	7
9	4	7	2	1	8	6	5	3
1	9	6	3	7	4	5	8	2
8	7	4	1	2	5	9	3	6
3	2	5	9	8	6	7	4	1
4	1	9	8	6	2	3	7	5
6	5	2	7	9	3	4	1	8
7	8	3	5	4	1	2	6	9

34

5	7	3	4	9	8	6	2	1
9	6	4	5	2	1	7	3	8
2	8	1	7	6	3	4	5	9
1	4	2	6	7	5	9	8	3
3	5	6	9	8	4	1	7	2
7	9	8	3	1	2	5	4	6
8	2	7	1	5	6	3	9	4
4	1	9	8	3	7	2	6	5
6	3	5	2	4	9	8	1	7

35

1	8	2	9	6	7	5	3	4
3	6	7	8	5	4	2	9	1
4	5	9	3	2	1	8	7	6
5	9	6	1	7	2	4	8	3
2	7	4	6	8	3	9	1	5
8	1	3	5	4	9	7	6	2
7	4	8	2	1	6	3	5	9
9	2	1	7	3	5	6	4	8
6	3	5	4	9	8	1	2	7

36

7	6	8	2	3	9	4	5	1
5	1	4	7	6	8	3	2	9
3	2	9	5	1	4	6	8	7
6	9	5	3	7	1	8	4	2
8	3	2	9	4	5	1	7	6
1	4	7	6	8	2	5	9	3
9	7	3	4	5	6	2	1	8
4	8	6	1	2	7	9	3	5
2	5	1	8	9	3	7	6	4

37

9	4	1	8	5	6	2	3	7
7	2	5	3	4	9	8	1	6
8	6	3	1	7	2	4	5	9
1	3	2	7	6	4	9	8	5
4	8	6	9	1	5	3	7	2
5	9	7	2	8	3	6	4	1
6	1	4	5	9	8	7	2	3
2	7	9	4	3	1	5	6	8
3	5	8	6	2	7	1	9	4

38

6	8	9	7	4	5	2	3	1
3	1	7	2	9	6	8	4	5
5	2	4	3	8	1	9	7	6
1	5	8	9	2	7	3	6	4
7	6	3	4	5	8	1	2	9
9	4	2	6	1	3	7	5	8
2	9	5	1	3	4	6	8	7
4	7	1	8	6	2	5	9	3
8	3	6	5	7	9	4	1	2

39

7	1	9	5	4	6	2	3	8
3	2	6	1	8	7	4	9	5
8	5	4	9	3	2	1	7	6
6	9	8	2	5	1	7	4	3
1	4	3	8	7	9	6	5	2
2	7	5	3	6	4	9	8	1
4	8	2	7	1	5	3	6	9
5	6	1	4	9	3	8	2	7
9	3	7	6	2	8	5	1	4

40

3	9	1	4	6	2	8	7	5
4	7	2	9	8	5	1	6	3
5	8	6	3	1	7	4	2	9
9	5	4	7	2	6	3	1	8
1	2	3	8	9	4	6	5	7
8	6	7	1	5	3	9	4	2
6	1	5	2	3	8	7	9	4
7	3	9	5	4	1	2	8	6
2	4	8	6	7	9	5	3	1

41

8	5	1	2	9	3	7	6	4
9	4	2	1	7	6	8	5	3
6	7	3	4	8	5	1	9	2
5	1	4	8	3	2	9	7	6
7	6	9	5	4	1	2	3	8
3	2	8	9	6	7	5	4	1
2	8	7	6	5	4	3	1	9
4	9	5	3	1	8	6	2	7
1	3	6	7	2	9	4	8	5

42

9	2	3	1	6	8	4	7	5
1	6	8	7	5	4	2	9	3
5	4	7	3	9	2	6	8	1
6	8	1	4	7	5	9	3	2
4	7	9	6	2	3	1	5	8
2	3	5	8	1	9	7	6	4
7	9	2	5	8	1	3	4	6
8	1	4	9	3	6	5	2	7
3	5	6	2	4	7	8	1	9

43

2	3	8	7	9	6	5	1	4
7	6	5	2	4	1	9	3	8
4	9	1	5	8	3	2	6	7
5	1	7	4	3	8	6	9	2
6	8	4	1	2	9	3	7	5
3	2	9	6	5	7	8	4	1
9	5	2	3	1	4	7	8	6
8	4	6	9	7	5	1	2	3
1	7	3	8	6	2	4	5	9

44

6	2	7	1	3	5	4	8	9
3	8	9	7	6	4	2	5	1
4	1	5	2	9	8	7	3	6
2	5	1	4	7	9	3	6	8
7	9	3	6	8	1	5	2	4
8	6	4	5	2	3	1	9	7
5	4	8	9	1	2	6	7	3
9	7	2	3	4	6	8	1	5
1	3	6	8	5	7	9	4	2

45

8	6	9	5	2	1	3	4	7
4	5	2	9	7	3	6	1	8
7	1	3	4	6	8	5	9	2
2	3	7	6	4	5	1	8	9
1	9	6	8	3	7	2	5	4
5	4	8	1	9	2	7	6	3
3	8	1	2	5	4	9	7	6
9	7	4	3	1	6	8	2	5
6	2	5	7	8	9	4	3	1

46

3	8	1	2	7	4	6	5	9
7	5	6	9	1	3	8	4	2
2	4	9	5	6	8	3	7	1
9	6	3	7	2	1	5	8	4
1	7	5	8	4	9	2	3	6
8	2	4	3	5	6	9	1	7
5	1	7	6	8	2	4	9	3
6	9	8	4	3	7	1	2	5
4	3	2	1	9	5	7	6	8

47

5	8	7	1	9	2	4	6	3
6	9	2	5	4	3	8	7	1
4	1	3	7	8	6	9	2	5
2	7	9	6	5	4	1	3	8
1	4	5	8	3	7	2	9	6
8	3	6	9	2	1	7	5	4
3	6	1	2	7	8	5	4	9
9	2	4	3	1	5	6	8	7
7	5	8	4	6	9	3	1	2

48

7	2	6	5	4	9	3	1	8
5	1	9	7	8	3	6	2	4
3	4	8	6	1	2	7	9	5
4	3	7	9	6	1	8	5	2
6	9	1	8	2	5	4	7	3
2	8	5	4	3	7	9	6	1
8	6	2	1	9	4	5	3	7
9	5	3	2	7	8	1	4	6
1	7	4	3	5	6	2	8	9

49

7	2	3	5	1	4	8	9	6
4	6	9	7	2	8	3	1	5
1	5	8	9	6	3	2	4	7
9	1	2	6	3	5	4	7	8
3	7	5	8	4	2	9	6	1
6	8	4	1	9	7	5	2	3
8	9	1	4	5	6	7	3	2
5	3	6	2	7	9	1	8	4
2	4	7	3	8	1	6	5	9

50

4	3	7	1	2	6	9	5	8
5	8	9	3	4	7	2	6	1
1	2	6	9	5	8	4	3	7
8	7	3	2	1	9	5	4	6
9	4	1	6	7	5	8	2	3
2	6	5	8	3	4	7	1	9
7	5	8	4	6	3	1	9	2
3	1	4	7	9	2	6	8	5
6	9	2	5	8	1	3	7	4

51

4	3	1	8	2	7	5	9	6
9	6	5	4	1	3	8	2	7
7	8	2	6	9	5	1	4	3
1	5	3	2	6	9	4	7	8
8	9	4	7	5	1	3	6	2
6	2	7	3	8	4	9	5	1
3	7	9	1	4	6	2	8	5
2	4	6	5	3	8	7	1	9
5	1	8	9	7	2	6	3	4

52

5	1	8	7	9	4	3	2	6
6	4	9	5	2	3	8	1	7
2	3	7	6	8	1	5	9	4
1	8	6	3	5	9	4	7	2
9	5	2	4	7	8	1	6	3
3	7	4	1	6	2	9	8	5
8	6	3	9	4	7	2	5	1
4	9	5	2	1	6	7	3	8
7	2	1	8	3	5	6	4	9

53

6	4	1	3	2	7	9	8	5
8	9	3	5	1	6	7	2	4
7	2	5	8	4	9	6	3	1
3	7	8	2	6	1	4	5	9
2	6	4	7	9	5	8	1	3
1	5	9	4	8	3	2	7	6
9	1	7	6	5	8	3	4	2
5	8	2	9	3	4	1	6	7
4	3	6	1	7	2	5	9	8

54

7	6	4	3	1	5	8	9	2
1	9	5	4	2	8	3	6	7
2	3	8	9	6	7	4	1	5
6	4	7	2	8	9	5	3	1
5	2	9	7	3	1	6	4	8
8	1	3	5	4	6	7	2	9
9	8	2	6	5	4	1	7	3
4	7	1	8	9	3	2	5	6
3	5	6	1	7	2	9	8	4

55

8	9	4	5	1	2	6	3	7
3	2	7	8	4	6	9	5	1
5	6	1	7	9	3	4	2	8
4	1	2	9	6	5	7	8	3
7	3	8	1	2	4	5	9	6
9	5	6	3	8	7	1	4	2
6	7	5	4	3	8	2	1	9
2	8	9	6	5	1	3	7	4
1	4	3	2	7	9	8	6	5

56

1	3	5	6	2	7	8	9	4
6	4	8	3	9	5	7	1	2
9	7	2	4	8	1	5	6	3
7	5	3	1	4	8	6	2	9
2	1	6	9	7	3	4	5	8
8	9	4	2	5	6	3	7	1
3	2	1	7	6	4	9	8	5
4	8	7	5	1	9	2	3	6
5	6	9	8	3	2	1	4	7

57

6	8	9	5	2	1	4	7	3
3	2	1	6	4	7	5	9	8
4	7	5	3	9	8	6	1	2
2	5	8	1	6	3	7	4	9
7	9	4	2	8	5	1	3	6
1	3	6	4	7	9	8	2	5
8	1	7	9	3	6	2	5	4
9	6	2	7	5	4	3	8	1
5	4	3	8	1	2	9	6	7

58

3	8	5	1	4	9	6	2	7
1	6	2	8	3	7	9	4	5
4	9	7	6	5	2	8	3	1
7	1	9	4	6	5	2	8	3
6	5	4	2	8	3	7	1	9
8	2	3	7	9	1	4	5	6
9	3	8	5	2	6	1	7	4
5	4	1	9	7	8	3	6	2
2	7	6	3	1	4	5	9	8

59

2	9	3	4	5	8	1	6	7
8	1	7	6	3	9	5	2	4
4	6	5	2	1	7	9	8	3
1	2	8	9	6	3	7	4	5
6	5	4	1	7	2	3	9	8
3	7	9	5	8	4	6	1	2
5	4	6	3	2	1	8	7	9
7	3	2	8	9	6	4	5	1
9	8	1	7	4	5	2	3	6

60

1	9	3	8	4	6	2	7	5
4	2	8	1	5	7	6	9	3
6	5	7	9	3	2	1	4	8
7	6	5	4	1	8	9	3	2
2	1	9	7	6	3	8	5	4
8	3	4	5	2	9	7	6	1
9	8	2	3	7	4	5	1	6
3	7	1	6	8	5	4	2	9
5	4	6	2	9	1	3	8	7

61

8	2	9	7	5	1	6	4	3
4	7	3	9	6	2	5	1	8
6	1	5	4	3	8	7	2	9
1	6	4	8	9	3	2	7	5
9	3	2	5	7	6	4	8	1
7	5	8	1	2	4	3	9	6
5	4	6	2	8	9	1	3	7
3	9	1	6	4	7	8	5	2
2	8	7	3	1	5	9	6	4

62

1	8	9	4	6	2	7	3	5
7	3	4	8	9	5	2	1	6
2	6	5	7	3	1	4	8	9
6	4	8	3	2	7	5	9	1
9	1	3	5	8	4	6	2	7
5	2	7	6	1	9	8	4	3
4	9	2	1	7	6	3	5	8
8	5	6	9	4	3	1	7	2
3	7	1	2	5	8	9	6	4

63

3	5	1	2	7	4	9	8	6
2	9	4	3	8	6	1	7	5
8	6	7	1	5	9	3	2	4
4	1	8	9	2	3	6	5	7
5	7	2	6	1	8	4	9	3
6	3	9	7	4	5	2	1	8
1	2	5	4	3	7	8	6	9
7	4	6	8	9	1	5	3	2
9	8	3	5	6	2	7	4	1

64

6	4	9	8	1	5	7	3	2
3	2	8	6	7	4	5	1	9
5	1	7	2	3	9	6	8	4
4	9	6	1	8	7	3	2	5
8	5	2	9	4	3	1	7	6
1	7	3	5	6	2	4	9	8
9	6	1	7	5	8	2	4	3
7	8	4	3	2	6	9	5	1
2	3	5	4	9	1	8	6	7

65

7	4	6	5	1	2	9	8	3
3	5	9	4	8	6	7	1	2
1	8	2	7	3	9	5	6	4
2	3	8	9	7	4	1	5	6
6	1	5	8	2	3	4	9	7
4	9	7	6	5	1	2	3	8
5	2	1	3	4	8	6	7	9
9	7	3	2	6	5	8	4	1
8	6	4	1	9	7	3	2	5

66

4	2	6	8	9	7	1	5	3
5	1	8	2	4	3	7	9	6
9	7	3	5	1	6	2	4	8
6	8	9	4	7	1	5	3	2
3	5	7	6	8	2	4	1	9
1	4	2	3	5	9	6	8	7
7	9	4	1	6	8	3	2	5
8	3	5	7	2	4	9	6	1
2	6	1	9	3	5	8	7	4

67

6	7	2	8	5	4	3	9	1
3	9	1	7	2	6	8	4	5
5	8	4	3	9	1	7	6	2
1	4	5	2	7	9	6	8	3
7	6	8	5	1	3	9	2	4
9	2	3	6	4	8	1	5	7
8	5	6	4	3	7	2	1	9
2	3	9	1	8	5	4	7	6
4	1	7	9	6	2	5	3	8

68

6	4	5	8	2	9	7	1	3
2	9	1	4	7	3	6	5	8
7	3	8	5	1	6	4	9	2
5	7	3	9	6	4	2	8	1
1	2	6	7	3	8	9	4	5
9	8	4	1	5	2	3	7	6
4	1	2	6	9	5	8	3	7
8	6	7	3	4	1	5	2	9
3	5	9	2	8	7	1	6	4

69

6	5	7	3	1	2	9	4	8
2	1	4	5	8	9	7	3	6
8	3	9	6	7	4	1	2	5
7	4	8	2	9	3	6	5	1
9	6	3	4	5	1	2	8	7
5	2	1	7	6	8	4	9	3
4	7	5	8	2	6	3	1	9
3	9	6	1	4	5	8	7	2
1	8	2	9	3	7	5	6	4

70

5	8	3	1	9	7	2	4	6
2	7	9	5	6	4	1	8	3
4	1	6	3	2	8	9	5	7
7	5	8	2	4	6	3	9	1
1	6	2	9	5	3	4	7	8
3	9	4	8	7	1	6	2	5
6	3	7	4	8	9	5	1	2
8	4	5	6	1	2	7	3	9
9	2	1	7	3	5	8	6	4

71

6	9	2	8	5	7	4	1	3
3	4	8	2	9	1	7	6	5
5	1	7	6	4	3	9	8	2
4	7	3	1	2	9	6	5	8
2	5	9	3	8	6	1	4	7
1	8	6	4	7	5	3	2	9
8	2	1	9	3	4	5	7	6
7	3	4	5	6	8	2	9	1
9	6	5	7	1	2	8	3	4

72

7	5	3	4	6	1	2	9	8
9	8	1	7	2	5	6	3	4
2	4	6	9	8	3	5	1	7
6	2	5	1	3	4	8	7	9
3	9	8	5	7	6	1	4	2
1	7	4	2	9	8	3	5	6
4	1	7	8	5	2	9	6	3
5	3	2	6	4	9	7	8	1
8	6	9	3	1	7	4	2	5

73

8	7	3	5	1	9	6	4	2
5	1	2	6	8	4	9	7	3
4	9	6	3	2	7	8	5	1
2	3	8	1	5	6	7	9	4
7	5	4	8	9	2	1	3	6
1	6	9	7	4	3	5	2	8
3	2	7	9	6	8	4	1	5
6	4	1	2	7	5	3	8	9
9	8	5	4	3	1	2	6	7

74

2	5	3	7	9	8	4	6	1
9	4	7	2	1	6	3	5	8
6	8	1	5	3	4	2	9	7
7	9	2	6	4	3	8	1	5
5	3	8	1	2	9	7	4	6
4	1	6	8	7	5	9	3	2
1	2	4	9	6	7	5	8	3
3	7	5	4	8	1	6	2	9
8	6	9	3	5	2	1	7	4

75

6	4	2	1	9	8	5	3	7
5	8	9	7	2	3	1	6	4
3	1	7	4	6	5	8	9	2
7	3	5	2	1	6	4	8	9
2	6	1	8	4	9	3	7	5
4	9	8	3	5	7	6	2	1
8	5	3	9	7	4	2	1	6
9	2	6	5	3	1	7	4	8
1	7	4	6	8	2	9	5	3

76

1	5	4	3	9	6	8	2	7
3	9	2	4	8	7	5	1	6
7	8	6	5	1	2	9	4	3
4	6	5	8	3	1	2	7	9
8	7	3	9	2	4	1	6	5
9	2	1	6	7	5	4	3	8
5	1	9	2	6	3	7	8	4
6	4	7	1	5	8	3	9	2
2	3	8	7	4	9	6	5	1

77

4	1	8	6	3	5	9	2	7
7	3	5	9	4	2	8	1	6
2	6	9	1	7	8	4	5	3
8	9	4	2	5	3	7	6	1
6	5	1	8	9	7	3	4	2
3	2	7	4	6	1	5	8	9
9	4	2	3	8	6	1	7	5
5	8	6	7	1	9	2	3	4
1	7	3	5	2	4	6	9	8

78

1	4	2	3	6	8	7	5	9
9	5	7	2	4	1	6	8	3
8	3	6	9	5	7	1	2	4
5	8	3	7	1	6	4	9	2
7	1	4	8	9	2	5	3	6
6	2	9	5	3	4	8	1	7
4	9	8	1	7	3	2	6	5
3	7	1	6	2	5	9	4	8
2	6	5	4	8	9	3	7	1

79

9	4	2	6	7	3	1	5	8
1	7	5	9	8	4	2	6	3
3	6	8	5	2	1	9	4	7
4	8	1	7	9	5	3	2	6
5	2	6	1	3	8	4	7	9
7	3	9	2	4	6	8	1	5
6	1	4	8	5	9	7	3	2
2	9	3	4	6	7	5	8	1
8	5	7	3	1	2	6	9	4

80

1	2	5	8	9	6	7	3	4
9	6	8	4	3	7	1	5	2
3	4	7	2	1	5	9	6	8
6	5	9	7	8	3	4	2	1
4	1	3	6	2	9	8	7	5
8	7	2	5	4	1	6	9	3
5	3	1	9	6	4	2	8	7
2	9	4	3	7	8	5	1	6
7	8	6	1	5	2	3	4	9

81

8	7	1	2	9	5	3	4	6
5	4	2	7	3	6	9	1	8
9	3	6	4	8	1	7	5	2
1	5	3	6	4	8	2	9	7
4	6	7	5	2	9	8	3	1
2	8	9	3	1	7	5	6	4
6	9	8	1	7	3	4	2	5
3	2	5	8	6	4	1	7	9
7	1	4	9	5	2	6	8	3

82

2	6	7	9	5	4	1	8	3
8	3	1	7	2	6	9	4	5
5	9	4	1	3	8	7	2	6
6	1	3	8	4	7	2	5	9
7	8	2	6	9	5	4	3	1
4	5	9	2	1	3	8	6	7
1	4	5	3	8	9	6	7	2
9	7	8	5	6	2	3	1	4
3	2	6	4	7	1	5	9	8

83

2	3	6	1	5	9	7	4	8
5	4	7	3	8	2	1	6	9
9	8	1	7	4	6	3	2	5
8	6	5	9	1	7	4	3	2
3	7	9	8	2	4	5	1	6
4	1	2	5	6	3	8	9	7
6	5	3	2	7	1	9	8	4
7	9	4	6	3	8	2	5	1
1	2	8	4	9	5	6	7	3

84

9	7	3	8	6	2	5	1	4
6	5	2	4	7	1	3	9	8
8	1	4	3	5	9	7	6	2
2	3	6	1	9	8	4	7	5
4	8	1	7	2	5	9	3	6
5	9	7	6	4	3	2	8	1
7	6	8	5	3	4	1	2	9
1	2	5	9	8	7	6	4	3
3	4	9	2	1	6	8	5	7

85

8	3	1	9	7	2	6	5	4
5	9	2	6	3	4	8	1	7
7	4	6	5	1	8	9	3	2
6	7	5	4	8	3	1	2	9
2	8	9	1	5	6	7	4	3
3	1	4	2	9	7	5	6	8
4	5	3	8	6	9	2	7	1
9	6	7	3	2	1	4	8	5
1	2	8	7	4	5	3	9	6

86

7	6	2	3	9	4	5	8	1
4	5	1	6	7	8	3	2	9
8	3	9	2	5	1	7	4	6
1	4	7	9	3	6	2	5	8
9	2	6	4	8	5	1	3	7
3	8	5	7	1	2	6	9	4
2	1	4	5	6	9	8	7	3
5	7	8	1	4	3	9	6	2
6	9	3	8	2	7	4	1	5

87

3	8	9	7	2	4	1	5	6
6	5	2	8	9	1	4	3	7
7	4	1	6	5	3	2	9	8
5	2	6	9	1	7	8	4	3
8	9	7	4	3	5	6	1	2
4	1	3	2	8	6	5	7	9
1	3	8	5	6	9	7	2	4
9	6	4	1	7	2	3	8	5
2	7	5	3	4	8	9	6	1

88

8	9	7	4	2	6	1	3	5
2	6	1	7	3	5	8	9	4
5	3	4	1	8	9	7	2	6
7	8	3	9	1	4	5	6	2
9	2	5	6	7	3	4	1	8
4	1	6	8	5	2	9	7	3
1	4	9	3	6	8	2	5	7
3	7	2	5	4	1	6	8	9
6	5	8	2	9	7	3	4	1

89

5	2	3	9	4	6	7	1	8
7	6	9	5	1	8	3	4	2
4	1	8	7	3	2	5	9	6
9	7	1	8	6	5	4	2	3
8	4	5	1	2	3	9	6	7
2	3	6	4	7	9	1	8	5
3	9	4	2	8	7	6	5	1
6	5	2	3	9	1	8	7	4
1	8	7	6	5	4	2	3	9

90

6	9	2	1	5	7	3	4	8
1	4	3	9	8	6	2	5	7
7	8	5	4	3	2	6	9	1
5	2	9	3	1	8	7	6	4
8	7	6	5	2	4	9	1	3
4	3	1	6	7	9	5	8	2
2	5	8	7	6	1	4	3	9
9	6	7	8	4	3	1	2	5
3	1	4	2	9	5	8	7	6

91

4	5	7	3	9	6	2	8	1
6	2	1	8	5	4	3	9	7
3	8	9	1	7	2	4	5	6
2	1	6	7	4	8	9	3	5
9	3	5	6	2	1	7	4	8
8	7	4	9	3	5	6	1	2
1	9	2	4	8	7	5	6	3
7	4	8	5	6	3	1	2	9
5	6	3	2	1	9	8	7	4

92

5	9	8	2	6	1	4	3	7
6	3	1	5	7	4	9	8	2
2	4	7	9	3	8	5	1	6
4	8	5	6	1	2	7	9	3
3	2	9	4	5	7	1	6	8
7	1	6	3	8	9	2	5	4
8	5	2	7	9	6	3	4	1
9	6	4	1	2	3	8	7	5
1	7	3	8	4	5	6	2	9

93

4	8	2	9	1	3	6	7	5
6	3	1	5	7	4	9	2	8
5	7	9	6	8	2	3	1	4
7	4	6	1	3	8	5	9	2
1	2	3	7	9	5	4	8	6
9	5	8	2	4	6	7	3	1
8	9	5	3	6	1	2	4	7
2	1	7	4	5	9	8	6	3
3	6	4	8	2	7	1	5	9

94

5	1	3	2	7	9	8	4	6
9	2	4	8	5	6	1	3	7
6	7	8	3	4	1	9	2	5
2	5	9	1	3	4	6	7	8
4	6	1	5	8	7	2	9	3
8	3	7	6	9	2	4	5	1
3	4	6	7	2	8	5	1	9
7	8	2	9	1	5	3	6	4
1	9	5	4	6	3	7	8	2

95

6	9	7	3	8	2	1	5	4
3	8	1	4	9	5	6	7	2
2	4	5	1	7	6	3	9	8
9	2	6	8	4	7	5	1	3
8	5	4	6	3	1	9	2	7
1	7	3	5	2	9	8	4	6
7	3	2	9	5	8	4	6	1
4	1	9	7	6	3	2	8	5
5	6	8	2	1	4	7	3	9

96

3	4	6	9	5	8	2	7	1
1	2	5	4	6	7	3	9	8
8	9	7	2	3	1	4	5	6
7	5	9	8	4	2	1	6	3
4	1	2	3	7	6	9	8	5
6	8	3	5	1	9	7	4	2
9	7	1	6	8	3	5	2	4
5	3	8	7	2	4	6	1	9
2	6	4	1	9	5	8	3	7

97

1	7	5	6	4	9	8	2	3
3	8	2	5	7	1	4	9	6
9	4	6	8	3	2	1	7	5
2	1	3	4	8	7	5	6	9
7	5	4	1	9	6	2	3	8
8	6	9	3	2	5	7	4	1
4	3	7	9	5	8	6	1	2
5	9	1	2	6	4	3	8	7
6	2	8	7	1	3	9	5	4

98

4	1	5	2	9	3	7	8	6
3	8	9	1	7	6	4	5	2
2	6	7	4	8	5	9	1	3
9	5	4	6	2	7	8	3	1
6	2	1	9	3	8	5	4	7
7	3	8	5	1	4	2	6	9
1	7	6	8	4	9	3	2	5
5	4	3	7	6	2	1	9	8
8	9	2	3	5	1	6	7	4

99

2	6	8	1	7	4	5	9	3
5	1	4	2	3	9	7	6	8
9	7	3	5	8	6	4	1	2
6	2	5	8	1	7	3	4	9
8	3	9	6	4	2	1	5	7
1	4	7	9	5	3	8	2	6
4	5	2	3	9	8	6	7	1
7	8	6	4	2	1	9	3	5
3	9	1	7	6	5	2	8	4

100

6	4	2	3	8	9	1	5	7
7	5	9	6	4	1	8	2	3
3	8	1	2	5	7	4	9	6
9	7	8	4	6	3	2	1	5
1	3	4	7	2	5	9	6	8
2	6	5	1	9	8	7	3	4
4	1	3	5	7	2	6	8	9
8	2	7	9	3	6	5	4	1
5	9	6	8	1	4	3	7	2

101

7	8	2	1	9	6	3	5	4
5	1	3	2	8	4	6	7	9
9	6	4	7	3	5	2	8	1
3	4	6	5	1	7	9	2	8
2	5	7	9	4	8	1	6	3
8	9	1	6	2	3	7	4	5
6	3	9	8	5	2	4	1	7
1	7	8	4	6	9	5	3	2
4	2	5	3	7	1	8	9	6

102

2	9	1	6	4	8	3	7	5
4	5	8	9	3	7	1	6	2
6	3	7	5	2	1	9	8	4
7	1	6	3	5	2	8	4	9
8	2	9	1	7	4	5	3	6
5	4	3	8	9	6	2	1	7
9	6	5	7	8	3	4	2	1
1	8	4	2	6	5	7	9	3
3	7	2	4	1	9	6	5	8

103

8	6	9	4	5	2	7	3	1
7	1	5	8	3	9	2	4	6
4	3	2	6	7	1	5	9	8
9	2	8	3	1	5	4	6	7
1	4	7	2	8	6	9	5	3
6	5	3	9	4	7	1	8	2
3	8	1	7	9	4	6	2	5
2	7	4	5	6	3	8	1	9
5	9	6	1	2	8	3	7	4

104

9	4	8	3	6	5	2	7	1
3	7	6	9	1	2	5	4	8
1	2	5	4	8	7	6	3	9
2	8	9	5	3	6	7	1	4
5	6	4	7	9	1	3	8	2
7	1	3	8	2	4	9	5	6
8	5	1	2	7	9	4	6	3
6	9	7	1	4	3	8	2	5
4	3	2	6	5	8	1	9	7

105

6	9	8	2	1	3	5	4	7
3	1	2	7	5	4	8	6	9
7	5	4	9	6	8	1	3	2
8	4	1	5	7	9	3	2	6
5	2	6	4	3	1	7	9	8
9	7	3	6	8	2	4	5	1
1	8	9	3	2	5	6	7	4
4	6	5	1	9	7	2	8	3
2	3	7	8	4	6	9	1	5

106

7	3	2	4	6	1	8	5	9
9	8	4	3	7	5	6	1	2
5	1	6	9	8	2	3	4	7
1	2	8	6	4	3	9	7	5
6	7	5	2	9	8	1	3	4
3	4	9	5	1	7	2	6	8
4	6	3	7	2	9	5	8	1
8	9	7	1	5	6	4	2	3
2	5	1	8	3	4	7	9	6

107

3	7	1	9	5	2	4	6	8
4	9	8	6	7	1	2	5	3
6	5	2	8	3	4	9	1	7
5	8	3	7	6	9	1	4	2
7	2	6	4	1	8	5	3	9
1	4	9	5	2	3	8	7	6
9	3	5	2	4	6	7	8	1
8	1	7	3	9	5	6	2	4
2	6	4	1	8	7	3	9	5

108

5	9	4	6	2	8	7	1	3
3	1	7	5	9	4	2	6	8
6	8	2	3	1	7	5	4	9
1	2	3	7	8	5	6	9	4
9	4	5	1	6	2	8	3	7
7	6	8	9	4	3	1	5	2
4	3	1	8	7	6	9	2	5
2	7	6	4	5	9	3	8	1
8	5	9	2	3	1	4	7	6

109

1	2	7	3	9	6	8	4	5
8	6	4	1	7	5	9	3	2
9	3	5	8	2	4	6	1	7
6	8	3	9	4	2	5	7	1
5	7	1	6	8	3	2	9	4
2	4	9	7	5	1	3	6	8
4	9	8	2	3	7	1	5	6
7	1	2	5	6	9	4	8	3
3	5	6	4	1	8	7	2	9

110

9	2	6	8	5	4	3	1	7
5	8	4	3	1	7	2	6	9
1	7	3	2	9	6	4	8	5
7	4	2	5	8	9	1	3	6
3	6	1	4	7	2	5	9	8
8	5	9	6	3	1	7	2	4
4	1	8	7	6	3	9	5	2
6	3	7	9	2	5	8	4	1
2	9	5	1	4	8	6	7	3

111

5	3	8	2	9	1	4	6	7
9	2	6	4	7	8	1	3	5
1	7	4	6	5	3	8	2	9
7	8	5	3	6	2	9	1	4
4	9	3	7	1	5	6	8	2
2	6	1	9	8	4	7	5	3
6	4	2	8	3	9	5	7	1
3	1	7	5	4	6	2	9	8
8	5	9	1	2	7	3	4	6

112

8	9	2	5	7	4	3	1	6
6	3	5	2	1	9	7	8	4
4	7	1	3	8	6	2	5	9
1	4	9	8	2	7	6	3	5
3	6	8	1	9	5	4	7	2
2	5	7	6	4	3	8	9	1
7	2	4	9	3	1	5	6	8
5	1	3	4	6	8	9	2	7
9	8	6	7	5	2	1	4	3

113

4	3	7	8	5	2	9	1	6
1	5	9	3	7	6	2	8	4
2	8	6	9	1	4	7	5	3
5	4	8	1	2	9	6	3	7
6	7	1	5	4	3	8	2	9
3	9	2	6	8	7	1	4	5
9	1	3	4	6	8	5	7	2
8	2	4	7	9	5	3	6	1
7	6	5	2	3	1	4	9	8

114

9	1	5	7	6	2	3	8	4
2	8	6	5	4	3	9	7	1
3	4	7	9	8	1	2	5	6
5	2	4	3	7	6	1	9	8
1	7	9	2	5	8	6	4	3
6	3	8	4	1	9	7	2	5
8	6	2	1	9	4	5	3	7
7	9	1	8	3	5	4	6	2
4	5	3	6	2	7	8	1	9

115

9	6	2	7	4	1	3	5	8
4	1	3	9	5	8	6	2	7
8	5	7	3	6	2	9	1	4
5	9	4	8	1	3	2	7	6
7	2	8	4	9	6	1	3	5
6	3	1	2	7	5	4	8	9
3	8	6	5	2	4	7	9	1
1	7	5	6	3	9	8	4	2
2	4	9	1	8	7	5	6	3

116

4	1	9	3	8	6	5	7	2
6	5	3	9	7	2	8	4	1
2	8	7	4	5	1	3	9	6
7	4	6	5	2	3	9	1	8
1	3	2	7	9	8	6	5	4
8	9	5	1	6	4	2	3	7
3	2	1	6	4	9	7	8	5
5	6	4	8	3	7	1	2	9
9	7	8	2	1	5	4	6	3

117

4	8	7	3	1	6	9	5	2
1	5	2	7	4	9	3	6	8
3	6	9	5	8	2	7	4	1
7	2	6	1	5	8	4	3	9
9	3	1	4	6	7	8	2	5
5	4	8	2	9	3	6	1	7
8	1	5	9	3	4	2	7	6
2	9	3	6	7	5	1	8	4
6	7	4	8	2	1	5	9	3

118

6	9	8	1	3	2	7	5	4
7	4	3	8	9	5	2	6	1
5	2	1	6	7	4	8	9	3
8	6	4	9	1	3	5	2	7
9	3	7	5	2	6	1	4	8
2	1	5	7	4	8	9	3	6
3	5	9	4	8	7	6	1	2
4	7	6	2	5	1	3	8	9
1	8	2	3	6	9	4	7	5

119

6	9	4	7	8	1	3	5	2
8	2	7	5	6	3	9	1	4
3	1	5	2	4	9	6	7	8
9	4	1	3	2	6	5	8	7
5	8	2	1	9	7	4	3	6
7	3	6	4	5	8	2	9	1
2	6	9	8	1	5	7	4	3
4	7	8	9	3	2	1	6	5
1	5	3	6	7	4	8	2	9

120

8	5	7	9	2	6	3	4	1
9	4	1	8	7	3	2	6	5
2	3	6	1	4	5	9	8	7
7	6	5	3	1	8	4	9	2
1	2	9	7	6	4	5	3	8
4	8	3	2	5	9	1	7	6
6	1	8	4	9	2	7	5	3
3	7	4	5	8	1	6	2	9
5	9	2	6	3	7	8	1	4

121

6	5	2	1	9	3	7	8	4
4	3	7	5	6	8	2	1	9
9	1	8	7	4	2	6	3	5
1	2	6	4	3	5	8	9	7
5	4	3	8	7	9	1	2	6
8	7	9	2	1	6	4	5	3
3	6	1	9	2	4	5	7	8
2	8	4	3	5	7	9	6	1
7	9	5	6	8	1	3	4	2

122

5	9	7	2	3	1	6	8	4
8	3	4	9	5	6	2	1	7
6	2	1	8	7	4	9	5	3
9	7	8	1	6	5	4	3	2
2	4	5	3	8	7	1	6	9
3	1	6	4	2	9	8	7	5
1	8	3	5	9	2	7	4	6
4	6	9	7	1	3	5	2	8
7	5	2	6	4	8	3	9	1

123

8	5	4	2	3	7	1	9	6
2	1	6	8	5	9	7	3	4
7	9	3	4	1	6	2	8	5
1	4	2	5	9	3	8	6	7
3	6	7	1	8	4	5	2	9
5	8	9	7	6	2	3	4	1
6	3	8	9	7	1	4	5	2
4	7	5	6	2	8	9	1	3
9	2	1	3	4	5	6	7	8

124

8	2	7	9	5	6	1	3	4
4	5	1	7	2	3	8	6	9
9	6	3	1	8	4	2	5	7
1	3	9	5	6	8	4	7	2
5	8	6	4	7	2	3	9	1
7	4	2	3	1	9	5	8	6
2	1	8	6	3	7	9	4	5
3	7	4	2	9	5	6	1	8
6	9	5	8	4	1	7	2	3

125

2	6	3	1	7	9	5	4	8
9	5	8	3	2	4	6	1	7
1	7	4	5	6	8	9	2	3
8	4	6	9	1	7	2	3	5
5	1	9	4	3	2	8	7	6
3	2	7	8	5	6	4	9	1
6	9	5	7	4	1	3	8	2
7	8	2	6	9	3	1	5	4
4	3	1	2	8	5	7	6	9

126

9	8	6	2	3	5	1	7	4
1	5	2	4	8	7	9	3	6
3	4	7	6	9	1	8	5	2
6	3	9	7	4	2	5	8	1
8	1	5	3	6	9	2	4	7
2	7	4	1	5	8	3	6	9
5	9	1	8	7	6	4	2	3
7	2	3	5	1	4	6	9	8
4	6	8	9	2	3	7	1	5

127

3	7	1	5	6	9	4	2	8
2	9	5	3	8	4	6	7	1
8	6	4	1	2	7	9	5	3
5	2	8	7	9	3	1	4	6
4	3	6	2	1	8	7	9	5
9	1	7	6	4	5	8	3	2
1	4	3	9	5	6	2	8	7
7	8	2	4	3	1	5	6	9
6	5	9	8	7	2	3	1	4

128

5	6	1	2	4	7	3	8	9
9	2	8	6	1	3	4	7	5
3	7	4	5	8	9	2	6	1
7	8	9	3	2	5	1	4	6
6	4	2	1	7	8	5	9	3
1	3	5	9	6	4	8	2	7
4	9	3	7	5	2	6	1	8
8	5	6	4	9	1	7	3	2
2	1	7	8	3	6	9	5	4

129

3	9	7	8	4	5	1	6	2
4	5	8	6	1	2	9	7	3
2	1	6	7	3	9	5	4	8
1	4	2	9	7	8	6	3	5
5	8	9	4	6	3	7	2	1
6	7	3	5	2	1	8	9	4
7	2	1	3	8	6	4	5	9
8	6	5	2	9	4	3	1	7
9	3	4	1	5	7	2	8	6

130

6	3	9	4	1	8	2	7	5
5	8	7	9	3	2	4	6	1
2	4	1	6	7	5	3	8	9
3	7	6	1	8	9	5	2	4
1	9	4	5	2	6	8	3	7
8	2	5	7	4	3	1	9	6
9	6	3	8	5	1	7	4	2
7	1	2	3	9	4	6	5	8
4	5	8	2	6	7	9	1	3

131

9	5	1	8	7	3	6	4	2
8	2	4	9	5	6	3	7	1
7	3	6	2	1	4	9	8	5
1	7	5	6	4	9	8	2	3
2	8	9	1	3	5	7	6	4
6	4	3	7	8	2	5	1	9
5	6	2	4	9	8	1	3	7
3	1	8	5	2	7	4	9	6
4	9	7	3	6	1	2	5	8

132

9	1	4	2	3	5	6	7	8
5	6	7	1	9	8	4	3	2
3	8	2	4	6	7	9	1	5
4	3	6	8	7	9	5	2	1
7	5	9	3	2	1	8	6	4
1	2	8	6	5	4	3	9	7
6	4	5	7	1	3	2	8	9
8	7	3	9	4	2	1	5	6
2	9	1	5	8	6	7	4	3

133

6	4	9	1	2	7	5	8	3
7	3	8	5	9	4	1	6	2
2	5	1	8	6	3	7	9	4
9	6	4	7	3	1	8	2	5
1	7	2	9	8	5	4	3	6
3	8	5	6	4	2	9	1	7
8	1	7	2	5	6	3	4	9
5	2	3	4	1	9	6	7	8
4	9	6	3	7	8	2	5	1

134

2	7	8	3	5	9	4	1	6
1	3	6	2	7	4	5	9	8
9	4	5	8	6	1	7	2	3
5	1	4	7	9	6	3	8	2
8	9	2	5	1	3	6	7	4
3	6	7	4	2	8	1	5	9
4	5	9	1	3	2	8	6	7
7	2	3	6	8	5	9	4	1
6	8	1	9	4	7	2	3	5

135

3	9	6	7	5	8	4	1	2
1	5	2	3	9	4	6	7	8
7	4	8	2	6	1	9	5	3
4	8	7	9	2	6	1	3	5
9	3	5	4	1	7	8	2	6
2	6	1	8	3	5	7	4	9
5	2	4	1	8	9	3	6	7
8	1	3	6	7	2	5	9	4
6	7	9	5	4	3	2	8	1

136

7	1	4	8	5	9	2	3	6
9	2	8	6	4	3	7	5	1
6	5	3	7	1	2	9	8	4
4	6	2	9	7	5	8	1	3
1	7	9	4	3	8	5	6	2
8	3	5	1	2	6	4	7	9
3	8	7	2	6	4	1	9	5
2	9	6	5	8	1	3	4	7
5	4	1	3	9	7	6	2	8

137

2	1	6	4	7	3	9	8	5
8	9	4	6	2	5	1	3	7
5	7	3	1	9	8	4	6	2
6	3	2	9	8	4	5	7	1
7	8	1	2	5	6	3	9	4
9	4	5	3	1	7	8	2	6
1	5	8	7	6	9	2	4	3
3	6	9	5	4	2	7	1	8
4	2	7	8	3	1	6	5	9

138

7	5	4	2	6	8	9	3	1
1	6	9	3	5	4	7	8	2
3	8	2	7	1	9	5	4	6
2	7	3	4	8	1	6	9	5
5	9	8	6	7	2	4	1	3
4	1	6	5	9	3	2	7	8
6	3	1	9	2	7	8	5	4
9	4	5	8	3	6	1	2	7
8	2	7	1	4	5	3	6	9

139

8	6	1	4	5	2	3	9	7
4	2	9	6	7	3	8	5	1
5	3	7	8	1	9	6	4	2
3	1	5	7	2	6	4	8	9
7	8	4	1	9	5	2	6	3
2	9	6	3	4	8	7	1	5
6	7	3	9	8	1	5	2	4
9	5	8	2	3	4	1	7	6
1	4	2	5	6	7	9	3	8

140

8	6	7	9	4	2	1	5	3
1	2	3	8	7	5	9	4	6
5	4	9	6	3	1	2	8	7
2	7	8	4	6	3	5	9	1
9	1	5	7	2	8	6	3	4
6	3	4	5	1	9	7	2	8
7	9	6	3	5	4	8	1	2
4	8	1	2	9	7	3	6	5
3	5	2	1	8	6	4	7	9

141

1	4	6	9	3	5	7	2	8
7	3	9	1	2	8	5	6	4
5	2	8	4	7	6	3	9	1
3	9	4	5	1	7	2	8	6
6	1	7	3	8	2	4	5	9
2	8	5	6	4	9	1	3	7
9	6	3	7	5	1	8	4	2
8	5	1	2	9	4	6	7	3
4	7	2	8	6	3	9	1	5

142

3	6	1	8	5	7	9	4	2
4	8	9	3	6	2	5	7	1
2	7	5	9	4	1	3	8	6
6	5	4	1	8	3	7	2	9
9	2	3	6	7	5	8	1	4
8	1	7	2	9	4	6	3	5
5	9	2	7	1	8	4	6	3
1	4	8	5	3	6	2	9	7
7	3	6	4	2	9	1	5	8

143

9	5	3	1	7	8	6	4	2
4	1	7	2	5	6	8	9	3
2	8	6	4	9	3	5	1	7
5	6	8	9	4	2	7	3	1
7	3	4	8	6	1	2	5	9
1	2	9	7	3	5	4	8	6
6	9	2	5	1	4	3	7	8
3	7	5	6	8	9	1	2	4
8	4	1	3	2	7	9	6	5

144

9	7	4	1	3	6	5	8	2
6	5	1	9	2	8	3	7	4
8	2	3	5	7	4	6	9	1
3	1	9	2	8	7	4	6	5
5	4	2	3	6	9	7	1	8
7	8	6	4	5	1	9	2	3
2	3	7	8	9	5	1	4	6
1	6	5	7	4	2	8	3	9
4	9	8	6	1	3	2	5	7

145

8	9	6	1	4	2	5	7	3
7	4	5	6	8	3	1	9	2
3	1	2	9	7	5	4	8	6
5	7	9	4	2	6	3	1	8
2	6	3	5	1	8	9	4	7
1	8	4	7	3	9	2	6	5
9	2	8	3	6	4	7	5	1
6	5	1	2	9	7	8	3	4
4	3	7	8	5	1	6	2	9

146

8	9	6	3	2	7	5	1	4
2	4	1	5	8	6	7	9	3
7	5	3	4	9	1	2	8	6
6	7	8	2	3	9	1	4	5
3	2	5	1	6	4	8	7	9
4	1	9	7	5	8	6	3	2
5	3	4	8	1	2	9	6	7
9	8	2	6	7	3	4	5	1
1	6	7	9	4	5	3	2	8

147

6	1	8	3	2	7	5	9	4
3	5	2	6	9	4	8	1	7
7	4	9	1	5	8	2	3	6
8	3	1	5	4	2	6	7	9
2	9	4	7	1	6	3	5	8
5	6	7	9	8	3	1	4	2
1	8	3	4	6	9	7	2	5
4	7	6	2	3	5	9	8	1
9	2	5	8	7	1	4	6	3

148

1	6	3	4	5	7	9	8	2
5	9	8	2	6	1	4	3	7
4	2	7	3	9	8	6	5	1
3	1	6	7	2	4	5	9	8
2	5	9	8	3	6	7	1	4
8	7	4	9	1	5	3	2	6
9	8	1	6	7	3	2	4	5
6	3	5	1	4	2	8	7	9
7	4	2	5	8	9	1	6	3

149

9	1	8	4	3	6	7	5	2
7	6	3	9	5	2	1	8	4
2	5	4	1	7	8	9	6	3
4	3	9	5	1	7	8	2	6
8	2	1	3	6	4	5	9	7
5	7	6	8	2	9	4	3	1
1	8	2	6	4	5	3	7	9
6	4	5	7	9	3	2	1	8
3	9	7	2	8	1	6	4	5

150

7	4	2	8	3	5	1	9	6
5	1	8	9	2	6	4	7	3
9	6	3	1	7	4	2	5	8
8	2	6	7	5	1	9	3	4
4	5	1	3	8	9	7	6	2
3	9	7	6	4	2	5	8	1
6	8	9	4	1	7	3	2	5
1	7	5	2	6	3	8	4	9
2	3	4	5	9	8	6	1	7

151

3	5	6	7	8	2	4	9	1
1	8	9	6	3	4	7	5	2
4	7	2	5	1	9	6	3	8
2	9	1	3	6	8	5	4	7
6	3	8	4	5	7	1	2	9
7	4	5	2	9	1	3	8	6
8	1	4	9	7	3	2	6	5
9	6	3	1	2	5	8	7	4
5	2	7	8	4	6	9	1	3

152

8	9	4	5	3	6	7	1	2
5	2	7	9	1	4	8	3	6
3	1	6	8	2	7	4	9	5
6	7	9	3	8	2	5	4	1
4	5	2	1	7	9	6	8	3
1	8	3	6	4	5	2	7	9
9	6	1	7	5	8	3	2	4
7	4	5	2	9	3	1	6	8
2	3	8	4	6	1	9	5	7

153

4	9	5	8	1	2	6	7	3
1	7	8	6	4	3	5	2	9
6	3	2	9	5	7	8	1	4
7	2	3	1	8	5	4	9	6
9	8	6	7	2	4	1	3	5
5	1	4	3	6	9	7	8	2
8	5	1	2	9	6	3	4	7
2	6	7	4	3	1	9	5	8
3	4	9	5	7	8	2	6	1

154

2	8	4	3	1	6	5	9	7
1	3	5	7	8	9	2	4	6
9	6	7	5	2	4	3	8	1
7	2	8	4	9	5	1	6	3
3	5	9	8	6	1	4	7	2
4	1	6	2	3	7	9	5	8
5	7	3	6	4	2	8	1	9
8	4	1	9	7	3	6	2	5
6	9	2	1	5	8	7	3	4

155

1	2	7	8	9	3	5	4	6
5	6	8	2	4	1	9	3	7
9	3	4	7	6	5	8	2	1
4	7	9	5	8	2	1	6	3
3	5	1	9	7	6	2	8	4
6	8	2	3	1	4	7	5	9
2	1	6	4	5	9	3	7	8
8	9	5	6	3	7	4	1	2
7	4	3	1	2	8	6	9	5

156

1	5	3	7	2	4	9	6	8
6	4	2	9	1	8	5	3	7
8	9	7	3	5	6	4	2	1
4	8	5	1	6	3	7	9	2
2	7	6	5	8	9	1	4	3
3	1	9	2	4	7	8	5	6
5	3	4	6	7	1	2	8	9
7	6	8	4	9	2	3	1	5
9	2	1	8	3	5	6	7	4

157

6	5	1	8	9	2	7	3	4
7	9	8	6	3	4	1	2	5
4	3	2	7	1	5	8	6	9
5	4	9	2	6	7	3	8	1
1	7	6	9	8	3	4	5	2
2	8	3	4	5	1	9	7	6
9	6	4	5	7	8	2	1	3
8	1	5	3	2	9	6	4	7
3	2	7	1	4	6	5	9	8

158

4	5	6	7	8	1	3	9	2
7	9	1	2	5	3	6	8	4
3	2	8	6	4	9	7	1	5
1	8	7	5	6	4	9	2	3
6	3	2	1	9	7	5	4	8
5	4	9	8	3	2	1	7	6
8	6	4	9	7	5	2	3	1
2	7	5	3	1	8	4	6	9
9	1	3	4	2	6	8	5	7

159

6	7	9	3	4	1	5	8	2
8	1	5	6	7	2	4	3	9
3	2	4	9	5	8	1	6	7
4	6	1	7	2	9	8	5	3
7	5	3	4	8	6	9	2	1
9	8	2	1	3	5	7	4	6
2	3	7	5	1	4	6	9	8
5	9	8	2	6	7	3	1	4
1	4	6	8	9	3	2	7	5

160

3	8	9	6	4	1	2	7	5
7	1	5	8	2	9	4	6	3
6	4	2	7	5	3	9	1	8
2	6	8	3	9	5	7	4	1
5	7	4	2	1	8	6	3	9
1	9	3	4	7	6	5	8	2
8	2	7	5	3	4	1	9	6
4	3	1	9	6	2	8	5	7
9	5	6	1	8	7	3	2	4

161

2	1	4	8	7	3	9	5	6
3	5	7	6	2	9	4	1	8
6	8	9	1	4	5	7	2	3
5	6	1	3	8	4	2	7	9
9	3	8	7	1	2	5	6	4
4	7	2	9	5	6	8	3	1
1	4	5	2	3	8	6	9	7
8	9	3	5	6	7	1	4	2
7	2	6	4	9	1	3	8	5

162

2	6	9	4	1	7	3	5	8
7	8	4	5	9	3	2	6	1
3	5	1	2	8	6	4	9	7
1	7	6	9	3	8	5	2	4
5	2	3	7	6	4	1	8	9
9	4	8	1	2	5	6	7	3
4	9	2	8	5	1	7	3	6
6	1	5	3	7	9	8	4	2
8	3	7	6	4	2	9	1	5

163

4	1	5	2	7	8	3	9	6
8	9	3	5	4	6	1	2	7
6	7	2	3	1	9	5	4	8
1	3	4	7	5	2	8	6	9
9	5	6	4	8	1	2	7	3
2	8	7	9	6	3	4	1	5
5	6	9	1	3	4	7	8	2
3	2	1	8	9	7	6	5	4
7	4	8	6	2	5	9	3	1

164

4	3	6	8	5	1	7	9	2
9	5	7	4	2	6	3	1	8
8	2	1	9	7	3	6	5	4
3	9	5	2	4	8	1	7	6
2	1	4	6	3	7	5	8	9
7	6	8	5	1	9	4	2	3
6	7	3	1	8	2	9	4	5
5	8	9	7	6	4	2	3	1
1	4	2	3	9	5	8	6	7

165

8	9	7	3	1	5	6	2	4
1	4	5	2	8	6	9	3	7
6	2	3	7	4	9	5	1	8
9	8	4	5	2	3	1	7	6
3	7	1	8	6	4	2	5	9
2	5	6	9	7	1	8	4	3
4	6	8	1	3	2	7	9	5
7	1	9	4	5	8	3	6	2
5	3	2	6	9	7	4	8	1

166

5	1	2	9	4	6	7	8	3
7	8	9	3	1	2	6	5	4
6	3	4	5	8	7	1	2	9
9	6	1	2	3	4	8	7	5
3	2	5	6	7	8	4	9	1
8	4	7	1	9	5	2	3	6
1	7	3	4	2	9	5	6	8
4	5	8	7	6	3	9	1	2
2	9	6	8	5	1	3	4	7

167

4	5	7	6	1	2	9	8	3
8	1	9	4	3	7	6	2	5
6	3	2	9	8	5	4	1	7
2	9	1	7	5	3	8	6	4
3	6	8	2	4	1	7	5	9
7	4	5	8	9	6	2	3	1
9	8	3	1	6	4	5	7	2
1	2	6	5	7	9	3	4	8
5	7	4	3	2	8	1	9	6

168

6	3	9	4	1	5	2	8	7
7	5	4	2	8	6	9	1	3
1	2	8	3	9	7	4	6	5
5	6	2	9	4	8	3	7	1
3	4	7	6	5	1	8	2	9
9	8	1	7	3	2	6	5	4
8	1	3	5	2	4	7	9	6
2	9	6	1	7	3	5	4	8
4	7	5	8	6	9	1	3	2

169

8	5	2	4	9	3	6	1	7
4	1	7	5	6	8	9	2	3
6	9	3	2	1	7	5	8	4
9	4	1	8	3	2	7	6	5
3	2	6	9	7	5	1	4	8
5	7	8	6	4	1	2	3	9
7	3	4	1	2	9	8	5	6
2	8	9	3	5	6	4	7	1
1	6	5	7	8	4	3	9	2

170

8	2	3	9	5	7	4	1	6
7	5	4	2	1	6	8	9	3
1	6	9	3	4	8	5	2	7
2	8	7	6	9	4	3	5	1
4	1	6	5	7	3	9	8	2
9	3	5	8	2	1	6	7	4
6	9	8	1	3	2	7	4	5
3	7	1	4	8	5	2	6	9
5	4	2	7	6	9	1	3	8

171

6	1	2	8	5	9	3	4	7
4	9	3	7	6	1	8	2	5
7	5	8	3	4	2	1	9	6
8	4	7	9	3	5	6	1	2
5	6	9	1	2	8	4	7	3
2	3	1	4	7	6	9	5	8
3	2	4	6	9	7	5	8	1
1	7	6	5	8	4	2	3	9
9	8	5	2	1	3	7	6	4

172

9	4	3	6	2	1	5	7	8
6	1	8	3	5	7	9	2	4
2	5	7	9	4	8	3	1	6
7	2	5	1	3	4	6	8	9
8	9	1	7	6	5	4	3	2
4	3	6	8	9	2	1	5	7
3	6	2	5	8	9	7	4	1
5	7	4	2	1	6	8	9	3
1	8	9	4	7	3	2	6	5

173

2	8	7	6	3	5	1	4	9
5	6	1	7	4	9	2	8	3
4	9	3	8	1	2	6	5	7
6	3	8	1	5	7	9	2	4
1	2	4	9	8	6	7	3	5
9	7	5	3	2	4	8	6	1
8	1	9	4	6	3	5	7	2
7	4	2	5	9	8	3	1	6
3	5	6	2	7	1	4	9	8

174

6	8	4	1	9	3	7	2	5
2	5	1	4	8	7	6	9	3
7	3	9	6	2	5	4	8	1
9	6	8	3	4	1	5	7	2
3	4	5	7	6	2	9	1	8
1	2	7	8	5	9	3	4	6
8	7	6	5	1	4	2	3	9
4	1	2	9	3	6	8	5	7
5	9	3	2	7	8	1	6	4

175

8	7	6	9	2	1	3	5	4
9	3	4	6	5	8	1	2	7
2	1	5	4	7	3	6	8	9
7	6	2	5	8	9	4	1	3
1	8	9	3	6	4	5	7	2
5	4	3	2	1	7	8	9	6
4	5	8	7	3	2	9	6	1
6	9	7	1	4	5	2	3	8
3	2	1	8	9	6	7	4	5

176

4	1	8	7	2	5	3	9	6
3	5	7	6	8	9	1	2	4
6	2	9	1	4	3	8	5	7
2	3	6	9	5	4	7	1	8
1	9	5	8	6	7	2	4	3
7	8	4	2	3	1	9	6	5
8	6	3	4	1	2	5	7	9
9	4	2	5	7	8	6	3	1
5	7	1	3	9	6	4	8	2

177

8	6	3	1	7	4	2	5	9
4	2	9	5	3	6	8	1	7
1	5	7	9	8	2	3	4	6
5	8	2	3	9	7	4	6	1
7	1	6	8	4	5	9	2	3
9	3	4	2	6	1	7	8	5
6	7	1	4	2	9	5	3	8
3	4	5	7	1	8	6	9	2
2	9	8	6	5	3	1	7	4

178

4	3	2	5	8	6	1	9	7
6	1	5	9	4	7	3	8	2
9	7	8	1	3	2	6	4	5
5	2	6	8	1	3	4	7	9
3	9	1	7	5	4	2	6	8
7	8	4	6	2	9	5	1	3
2	5	9	4	7	1	8	3	6
8	4	7	3	6	5	9	2	1
1	6	3	2	9	8	7	5	4

179

7	2	5	4	6	1	9	3	8
9	6	4	8	7	3	1	5	2
1	3	8	2	9	5	6	4	7
6	7	9	3	5	4	8	2	1
4	1	2	9	8	6	5	7	3
5	8	3	7	1	2	4	6	9
2	5	7	1	4	8	3	9	6
8	9	6	5	3	7	2	1	4
3	4	1	6	2	9	7	8	5

180

7	6	2	5	4	9	1	3	8
1	4	9	3	7	8	2	5	6
3	5	8	2	1	6	4	7	9
9	2	5	8	3	1	6	4	7
8	3	7	4	6	5	9	2	1
6	1	4	9	2	7	3	8	5
5	7	3	1	9	2	8	6	4
4	8	1	6	5	3	7	9	2
2	9	6	7	8	4	5	1	3

181

8	2	9	1	6	7	5	3	4
7	6	3	5	4	8	9	2	1
1	5	4	2	9	3	8	7	6
6	9	5	4	1	2	3	8	7
2	3	7	6	8	9	4	1	5
4	1	8	3	7	5	2	6	9
9	4	6	8	3	1	7	5	2
3	7	2	9	5	6	1	4	8
5	8	1	7	2	4	6	9	3

182

1	2	4	3	8	5	7	6	9
6	3	8	4	7	9	5	1	2
9	7	5	6	2	1	4	3	8
7	9	3	1	6	2	8	5	4
2	4	1	5	9	8	3	7	6
5	8	6	7	4	3	9	2	1
8	5	7	9	1	6	2	4	3
3	1	9	2	5	4	6	8	7
4	6	2	8	3	7	1	9	5

183

6	8	5	9	7	3	4	2	1
2	4	9	5	1	6	8	3	7
1	7	3	8	2	4	9	5	6
7	6	1	3	4	2	5	9	8
9	2	4	6	8	5	1	7	3
3	5	8	7	9	1	6	4	2
4	9	7	2	6	8	3	1	5
8	3	2	1	5	9	7	6	4
5	1	6	4	3	7	2	8	9

184

4	2	5	6	8	9	1	7	3
7	3	8	1	5	2	6	9	4
9	6	1	4	3	7	2	5	8
3	5	6	8	7	4	9	2	1
2	8	7	3	9	1	4	6	5
1	4	9	5	2	6	8	3	7
8	9	2	7	4	5	3	1	6
6	7	4	9	1	3	5	8	2
5	1	3	2	6	8	7	4	9

185

9	4	7	8	3	6	1	5	2
3	8	5	7	1	2	6	9	4
1	6	2	5	4	9	7	8	3
7	1	3	9	8	5	4	2	6
8	9	6	2	7	4	3	1	5
5	2	4	3	6	1	8	7	9
6	7	9	1	5	3	2	4	8
4	5	8	6	2	7	9	3	1
2	3	1	4	9	8	5	6	7

186

3	9	1	4	6	7	8	2	5
8	6	5	1	3	2	9	7	4
4	2	7	5	8	9	3	6	1
5	1	3	6	2	4	7	8	9
9	4	8	7	1	3	6	5	2
2	7	6	8	9	5	4	1	3
1	8	2	9	4	6	5	3	7
7	3	4	2	5	8	1	9	6
6	5	9	3	7	1	2	4	8

187

8	4	5	6	3	7	2	1	9
9	3	7	2	4	1	6	5	8
2	6	1	8	5	9	4	3	7
1	5	3	4	8	2	7	9	6
6	9	4	5	7	3	8	2	1
7	8	2	1	9	6	5	4	3
4	1	9	7	6	5	3	8	2
3	7	8	9	2	4	1	6	5
5	2	6	3	1	8	9	7	4

188

4	8	2	3	1	7	5	6	9
5	3	1	9	8	6	2	7	4
9	6	7	4	2	5	8	3	1
8	7	6	5	4	9	3	1	2
1	2	5	6	3	8	4	9	7
3	4	9	1	7	2	6	5	8
6	5	8	2	9	1	7	4	3
2	9	4	7	6	3	1	8	5
7	1	3	8	5	4	9	2	6

189

6	4	2	1	8	9	7	5	3
3	1	5	2	6	7	8	4	9
9	7	8	3	5	4	6	2	1
5	6	1	4	2	3	9	8	7
4	2	9	8	7	6	1	3	5
7	8	3	9	1	5	4	6	2
2	3	6	7	4	1	5	9	8
1	9	4	5	3	8	2	7	6
8	5	7	6	9	2	3	1	4

190

5	1	4	6	3	7	9	2	8
6	8	2	4	1	9	3	5	7
9	7	3	2	5	8	1	6	4
2	4	1	7	6	3	8	9	5
8	5	6	9	4	1	7	3	2
7	3	9	8	2	5	4	1	6
4	2	8	3	9	6	5	7	1
1	9	7	5	8	2	6	4	3
3	6	5	1	7	4	2	8	9

191

6	5	7	4	9	2	8	3	1
8	4	1	6	5	3	9	7	2
2	3	9	8	1	7	4	5	6
9	8	3	7	6	4	1	2	5
7	2	5	1	3	9	6	8	4
4	1	6	2	8	5	3	9	7
5	7	8	9	4	6	2	1	3
3	9	4	5	2	1	7	6	8
1	6	2	3	7	8	5	4	9

192

1	3	2	7	9	4	8	5	6
8	9	7	1	5	6	3	2	4
5	4	6	3	2	8	7	9	1
7	2	3	4	1	9	5	6	8
9	8	5	2	6	7	4	1	3
6	1	4	5	8	3	2	7	9
3	6	8	9	7	2	1	4	5
4	7	1	6	3	5	9	8	2
2	5	9	8	4	1	6	3	7

193

9	7	5	1	2	6	8	4	3
4	1	8	7	9	3	5	6	2
3	2	6	4	5	8	7	9	1
5	6	7	9	1	4	2	3	8
8	3	1	5	6	2	9	7	4
2	4	9	8	3	7	6	1	5
7	9	4	3	8	5	1	2	6
1	5	2	6	4	9	3	8	7
6	8	3	2	7	1	4	5	9

194

8	4	2	1	3	7	6	9	5
5	6	7	8	2	9	4	1	3
9	1	3	4	6	5	7	2	8
1	5	9	7	4	8	3	6	2
7	3	8	6	9	2	1	5	4
6	2	4	5	1	3	9	8	7
2	9	5	3	7	1	8	4	6
4	7	1	2	8	6	5	3	9
3	8	6	9	5	4	2	7	1

195

5	6	2	7	8	1	3	9	4
9	7	4	6	5	3	2	1	8
8	3	1	2	4	9	6	5	7
3	9	7	1	2	6	8	4	5
6	4	8	9	3	5	1	7	2
2	1	5	8	7	4	9	3	6
1	2	6	4	9	7	5	8	3
7	8	3	5	1	2	4	6	9
4	5	9	3	6	8	7	2	1

196

9	1	5	6	3	8	2	7	4
7	3	6	5	4	2	1	8	9
8	2	4	1	7	9	5	3	6
3	6	9	8	5	4	7	2	1
2	8	1	9	6	7	3	4	5
4	5	7	3	2	1	6	9	8
5	4	2	7	8	6	9	1	3
6	9	8	2	1	3	4	5	7
1	7	3	4	9	5	8	6	2

197

4	5	2	8	1	3	9	6	7
1	9	3	6	2	7	8	4	5
7	8	6	9	5	4	2	1	3
9	3	7	2	4	1	6	5	8
2	4	5	3	8	6	1	7	9
8	6	1	5	7	9	3	2	4
6	7	4	1	3	8	5	9	2
5	1	8	7	9	2	4	3	6
3	2	9	4	6	5	7	8	1

198

8	2	5	6	7	4	3	9	1
1	9	4	3	2	8	6	7	5
6	3	7	1	9	5	8	4	2
9	4	8	5	1	3	2	6	7
7	6	3	8	4	2	1	5	9
2	5	1	9	6	7	4	3	8
3	7	2	4	5	1	9	8	6
4	1	6	7	8	9	5	2	3
5	8	9	2	3	6	7	1	4

199

7	6	4	1	9	3	8	2	5
8	2	1	6	5	7	3	4	9
9	3	5	2	8	4	7	6	1
4	7	3	5	6	1	9	8	2
1	5	8	3	2	9	4	7	6
6	9	2	4	7	8	1	5	3
2	8	9	7	1	6	5	3	4
5	4	7	9	3	2	6	1	8
3	1	6	8	4	5	2	9	7

200

1	4	8	9	2	6	3	5	7
6	2	9	7	3	5	1	8	4
3	5	7	8	1	4	9	2	6
2	7	1	4	6	3	8	9	5
8	3	6	5	9	1	7	4	2
5	9	4	2	7	8	6	1	3
7	6	2	1	5	9	4	3	8
4	1	3	6	8	2	5	7	9
9	8	5	3	4	7	2	6	1

Play these other fun puzzle books by USA TODAY

USA TODAY Sudoku

USA TODAY Everyday Sudoku

USA TODAY Crossword

USA TODAY Logic

USA TODAY Mini Sudoku / Sudoku X

USA TODAY Word Roundup / Word Search

USA TODAY Word Play

USA TODAY Jumbo Puzzle Book

USA TODAY Picture Puzzles

USA TODAY Everyday Logic

USA TODAY Jumbo Puzzle Book 2

USA TODAY Don't Quote Me®

USA TODAY Txtpert™

USA TODAY Picture Puzzles Across America

USA TODAY Word Finding Frenzy

USA TODAY Sudoku 2

USA TODAY Crossword 2

USA TODAY Logic 2

USA TODAY Sudoku 3

USA TODAY Up & Down Words Infinity

USA TODAY Crossword 3

USA TODAY Crossword Super Challenge